·教育部"高校示范马克思主义学院和优秀教学科研团队（重点选题）"
（18JDSZK028）建设项目成果

实践创新课教学大纲与教案

主　编　杨永利　聂丽琴　顾洪英

副主编　张璐雅

辽宁人民出版社

© 杨永利　聂丽琴　顾洪英　2023

图书在版编目（CIP）数据

实践创新课教学大纲与教案 / 杨永利，聂丽琴，顾洪英
主编 . — 沈阳：辽宁人民出版社，2023.5
ISBN 978-7-205-10762-8

Ⅰ . ①实…　Ⅱ . ①杨…　②聂…　③顾…　Ⅲ . ①创造教
育—教学大纲　②创造教育—教案（教育）　Ⅳ . ① G40-012

中国国家版本馆 CIP 数据核字（2023）第 083961 号

出版发行：辽宁人民出版社
　　　　　地址：沈阳市和平区十一纬路 25 号　邮编：110003
　　　　　电话：024-31416901（邮购）　13214231420（发行部）
　　　　　http : //www.lnpph.com.cn
印　　刷：沈阳百江印刷有限公司
幅面尺寸：170mm×230mm
印　　张：12
字　　数：230 千字
出版时间：2023 年 5 月第 1 版
印刷时间：2023 年 5 月第 1 次印刷
责任编辑：李翘楚　青　云
装帧设计：意·装帧设计
责任校对：吴艳杰
书　　号：ISBN 978-7-205-10762-8

定　　价：42.00 元

前　言

　　天津工业大学实践创新课，以毛泽东思想和中国特色社会主义理论体系概论课（2018 年版）内容为依托，按照"章章有基地、人人有参与"的原则，共开辟了 18 个基地，建设了18 堂实践创新课。实践创新课在不断探索中，遵循"课本 + 基地""课堂 + 实践""教学 + 研究"的"三结合"原则，形成了"基地教材化、课堂实践化、活动多样化、建设项目化、推进系统化"的"五化"特色。

　　第一，基地化教材。紧扣教材内容选取具有典型性的企业、事业、行政单位建设实践基地。围绕教学主题和目的，充分发掘实践基地内涵，将实践基地作为"活教材"建设，激活理论。

　　第二，课堂实践化。明确教学目的，科学设计实践教学流程，建设"行走的课堂"。学生参与的一个个活动如珍珠，各自有侧重点，老师如丝线，在各个活动前引题、活动中串题、活动后点题，把一个个"珍珠"穿起来，项链式课堂组织方式使整个实践活动丰而不散、活而不乱。

　　第三，活动多样化。实践创新课充分调动学生主体的积极性，学生在实践基地不仅能听、看，而且能动手做，深度参与实践教学活动。比如，在天同养老院基地，学生可以和老人们一起练书法、包饺子，陪老人们聊天；农耕文化博物馆专门为学生们开辟了一亩地，学生可以春种秋收，在劳动中感受农耕文化；在觉悟社、西青区党群红色街区等基地，学生可以长期做志愿服务等工作。根据不同基地的特点，设计多种活动引导学生在看、听、说、做、感、悟中深化理论认识、升华情感信仰。

第四，建设项目化。以科研项目的方式资助教师以实践基地为依托，进行深度调查，开展相关科学研究和教学改革研究。以科学研究提升实践创新课的水平，以实践创新课的建设推动科学研究的发展。

第五，推进系统化。实践创新课作为实践教学环节，与课堂教学、网络教学联动推进。教师课堂教学提问题，学生实践教学亲自找答案。学生实践教学切身感悟，上升为课堂教学鲜活案例，实现课堂教学与实践教学的交织融合，推动课堂教学积极回应社会热点问题和学生关注问题，提升针对性。实践教学成果通过网络展播，提升课程受益面、影响力。

目　录

附录

实践创新课教学大纲

课程名称：实践创新课

课程性质：公共基础课、必修课

适用专业：本科所有专业

一、实践创新课程的目的

实践性是马克思主义最深刻的本质属性。理论联系实际是思想政治理论课教学的基本原则。高校思想政治理论课"05 方案"规定，实践教学是思想政治理论课的重要组成部分。中共中央国务院《关于加强和改进新形势下高校思想政治工作的意见》明确指出，"要强化社会实践育人，提高实践教学比重，组织师生参加社会实践活动"。教育部《高校思想政治工作质量提升工程实施纲要》（2017 年 12 月）明确提出，"扎实推动实践育人。坚持理论教育与实践养成相结合，整合各类实践资源，构建'党委统筹部署、政府扎实推动、社会广泛参与、高校着力实施'的实践育人协同体系"。教育部《新时代高校思想政治理论课教学工作基本要求》（教社科〔2018〕2 号）明确规定，"从本科思想政治理论课现有学分中划出 2 个学分、从专科思想政治理论课现有学分中划出 1 个学分，开展本专科思想政治理论课实践教学"。实践创新课以毛泽东思想和中国特色社会主义理论体系概论课（以下简称"概论课"）（2018 年版）为依托，以讲授中国化马克思主义理论为主要内容。中国化马克思主义是马克思主义与中国革命、建设和改革相结合，与中华优秀传统文化相结合的理论成果，深深扎根在中国实现中华民族伟大复兴的社会实践中。因此，实践创新课对照"概论"课的章节内容，以精心选择的实践基地为依托，师生一同走进实践课堂，在生动鲜活的实践中看、听、说、做、感、悟，深刻感受书写在中华大地上的中国特色社会主义理论，领悟马克思主义的科学性、人民性、实践性，增强学生对中国特色社会主义理论的理论认同、情感认同、价值认同和实践认同，坚定学生对中国特色社会主义的"四个自信"，引导学生在为中华民族伟大复兴中国梦奋斗中放飞青春梦想。

二、实践创新课程的基本原则

为保证概论实践创新课的针对性、时代性和实效性，根据教育规律、思想政治工作规律、学生成长规律，实践创新课程遵循以下基本原则：

（一）全员全过程全方位实践育人原则

在学校党委和行政的统一领导下，动员全校力量，发掘具有典型性的实践教学基地，建立起校内校外、市内市外类型齐全的实践基地。聘用实践基地的相关工作人员、学生辅导员等担任实践创新课教师，建立多元实践创新课教师队伍。利用学生专业实习实训基地、大学生暑期社会实践基地建设思想政治理论课实践教学基地，建立全方位实践基地体系。

（二）理论教育和实践活动相结合原则

以"概论课"中习近平新时代中国特色社会主义思想为主，紧扣教学内容，分别围绕毛泽东思想和中国特色社会主义理论体系中"五位一体"总布局和"四个全面"战略布局建立实践基地，把"概论课"主要理论贯穿在实践教学全过程和各环节。科学化、精细化设计实践教学具体方案，形成内容丰富、科学合理、衔接流畅的实践教学流程。

（三）教师主导性和学生主体性相结合原则

实践教学充分发挥教师的主导性和学生的主体性。给予学生更多动脑动手参与实践活动、表达实践感受的机会，由被动地看、听到主动地说、做，加强实践教学中师生交流与生生交流，提升教学效果。

（四）创新精神与长效机制相结合的原则

实践创新课围绕发掘实践基地内涵，充分调查研究；根据不同基地特点，探索内容、形式、方法手段创新，增强实践教学时代感和实效性。同时，加强实践基地规范化建设，与实践基地建立长期合作关系和顺畅沟通渠道，构建保证基地随时为学生实践教学服务的长效机制。

三、实践创新课程的内容

（一）天津觉悟社纪念馆实践创新课

1. 实践基地介绍

天津觉悟社纪念馆是一座建立在革命旧址上的红色纪念馆，特色突出，主题鲜明，是天津市开展爱国主义教育的重要基地之一。

觉悟社是在五四运动高潮中产生的进步青年团体，二十名社员男女各半，其中，周恩来、马骏、刘清扬、邓颖超、郭隆真等人都是当时天津学生运动的骨干。社员们冲破封建束缚，联合起来，共同斗争，他们在这里研究新思潮，探讨救国救民的真理，积极参加实际斗争，成为当时天津反帝爱国运动的领导核心，在北方的革命社团中享有很高的声望。

现有展陈分复原陈列和辅助陈列两部分。

复原陈列充分利用觉悟社旧址的独特优势，根据邓颖超、管易文、李愚如等原觉悟社社员和社友的回忆，结合相关文献考证，对东、西两个厢房进行复原性布展。其中，西厢房为里外套间，布置了民国时期的家具，如藤椅、书桌、铜床及文房四宝等日常生活器具，恢复20世纪20年代富裕家庭日常生活起居的场景，为观众营造了一个真实的时代背景。东厢房为宽敞的通间，是当年觉悟社社员活动的旧址，外墙筑有"觉悟社旧址"标识牌，屋内陈列有书橱、衣帽架、报架等物品，在房间正中并排摆放两张八仙桌，上有社员们抓阄用的铁盘和纸阄，再现了觉悟社社员们开展活动时的场景。

辅助陈列利用三间联排正房打通为展室，形成贯通的展线。展览以时间为序，分为三个相对独立的部分进行布展，各成体系。展览第一部分为背景介绍，题为"奠定基础——经受五四风暴洗礼"；第二部分为核心内容，题为"觉悟诞生——寻索社会改造之途"；第三部分题为"大浪淘沙——选择不同人生道路"。

2. 实践教学主题

课程第一章毛泽东思想的形成和发展部分。五四运动、马克思主义在中国的传播是毛泽东思想产生的重要条件。觉悟社是在五四运动期间反帝爱国、学习宣传马克思主义的重要组织。

3. 实践教学目的

带领学生参观觉悟社纪念馆，了解觉悟社成立的宗旨、主要活动及其影响，使学生认识五四运动时期中国先进知识分子选择、学习、宣传马克思主义的情况，学习革命先辈"先觉先悟、为国为民"的爱国主义精神。

4. 实践教学设计

（1）教师讲解五四运动、马克思主义在中国传播的基本情况。

（2）参观觉悟社复原展和辅助陈列展，听讲解员讲解觉悟社活动情况。

（3）在辅助陈列展的序厅，由教师领读、全体学生一起朗读周恩来同志写的觉悟社的目标："本着反省、实行、持久、奋斗、活泼、愉快、牺牲、创造、批评、互助的精神，求适应于'人'的生活——做学生方面的'思想改造'事业"，感受觉悟社"革新革心、自觉自决"的精神。

（4）跟着讲解员学唱觉悟社社歌，进一步感悟先辈"携手作先驱，奋斗牺牲是精神"的觉悟，感受马克思主义对青年学生的吸引力。

（5）教师总结，马克思主义在五四运动时期的传播、壮大是不可阻挡的历史趋势，引出毛泽东的新民学会的活动，讲述毛泽东选择、传播马克思主义的情况。

5. 实践教学作业

在参观觉悟社展览馆的基础上，进一步搜集资料，以"新时代新青年选择马克思主义"为主题，以论文、微视频等形式，完成一份作业。

（二）平津战役纪念馆实践创新课

1. 实践基地介绍

平津战役纪念馆是爱国主义教育的重要基地，是国防教育的重要载体，是革命传统教育的重要课堂，同时也是精神文明建设的重要窗口和弘扬先进文化的重要阵地。场馆有六大展厅：（1）序厅；（2）战役决策厅；（3）战役实施厅；（4）人民支前厅；（5）伟大胜利厅；（6）英烈业绩厅。

2. 实践教学主题

毛泽东思想的活的灵魂，新民主主义革命的三大法宝，感悟新民主主义革命理论的意义。

3. 实践教学目的

让大学生认识到新民主主义革命的特点及其理论形成的依据，理解新民主主义革命的总路线和基本纲领的历史意义及其当代价值，认识到新民主主义革命的道路特点及基本经验总结，引导学生认识到毛泽东思想及其历史地位。

4. 实践教学设计

（1）组织学生前往，聆听展馆内人员的讲解。

（2）在"序厅""战役决策厅"，聆听展馆内人员的讲解后，任课教师现场教学，引导联系教材中理论。

（3）聆听讲解员讲解"战役实施厅""人民支前厅"后，任课教师组织学生讨论，与馆内人员交流，并引导学生认真阅读毛泽东著作。

（4）在"伟大胜利厅""英烈业绩厅"聆听讲解之后，教师组织讨论，与展馆内人员交流，学生代表发言，教师总结。

5. 实践教学作业

以实践教学过程为切入点，联系课堂所学理论，充分利用"平津战役纪念馆"资源，运用多媒体技术做实践作业，展示实践教学成果。

（三）天津纺织博物馆实践创新课

1. 实践基地简介

天津纺织博物馆位于天津市滨海新区空港经济区天纺大厦内，于2010年5月正式开馆。博物馆总建筑面积为1861平方米，馆藏资料涉及15大类，分为古代纺织，近、现代纺织，当代纺织和专题展区四部分，展出文献300余册、图片5000余幅、器具2000余件，展陈文字说明达5万余字。各类纺织机械原物及复制品是展馆内的重要馆藏。

2. 实践教学主题

以天津纺织博物馆为切入点，可充分阐释"社会主义改造理论"及相关内容。新中国成立后，我国面临的主要任务是如何从新民主主义社会过渡到社会主义社会，同时建立社会主义基本制度。1956年12月，我党正式提出过渡时期总路线和总任务：就是要在一个相当长的时期内，逐步实现国家的社会主义工业化，并逐步实现国家对农业、手工业对资本主义工商业的社会主义改造。要从根本上改变中国贫穷落后的面貌，把中国从一个落后的农业国变为一个先进的工业国，就必须实现国家的工业化，而在中国的具体条件下，就必须实现社会主义工业化。实现社会主义工业化，是国家独立和富强的必然要求和必要条件。新中国成立之初，工业基础相当薄弱。毛泽东曾说："现在我们能造什么？能造桌子椅子，能造茶碗茶壶，能种粮食，还能磨成面粉，还能造纸，但是，一辆汽车、一架飞机、一辆坦克、一辆拖拉机都不能造。"要实现工业化目标，首先要选择一条适合本国国情的工业化道路。中国人民选择了社会主义道路，必然也会选择社会主义工业化模式。走社会主义工业化道路，就要从生产力和生产方式的要求出发，在充分利用原有工业潜力和进行新的工业建设的同时，对个体经济和资本主义工商业进行社会主义改造。

习近平总书记指出："新中国成立后，以毛泽东同志为核心的党的第一代中央领导集体带领全党全国各族人民，在迅速医治战争创伤、恢复国民经济的基础上，创造性地进行社会主义改造，建立起社会主义基本制度"，"在中国共产党领导下，我国各族人民意气风发投身中国历史上从来不曾有过的热气腾腾的社会主义建设。在不长的时间里，我国社会就发生了翻天覆地的变化，建立起独立的比较完整的工业体系和国民经济体系"，为中国的社会主义建设积累了重要经验。自近代以来，天津逐渐发展成为全国轻工业重地，纺织业的发展成就尤为突出，有起步早、发展快、技术先进、总量庞大的产业特点。在旧中国工业史上，天津纺织业扛起中国纺织行业半壁江山，与外国资本分庭抗礼，涌现了大批民族企业和知名品牌。新中国成立后，天津纺织业依靠已有产业基础和工业潜力，肩负起社会主义工业化重大使命，同时在对资本主义工商业的社会主义改造中，也起到了率先示范的作用，为"一化三改"总路线和总任务的顺利完成、为新中国工业腾飞作出了突出贡献。天津纺织博物馆作为天津纺织历史重要的纪念场馆，收藏了与天津纺织相关的极为丰富的历史文化宝藏，包括大量的纺织文物和照片，从多个侧面还原天津纺织生产、生活的历史片段，再现不同时期天津纺织面貌，成为新中国社会主义改造历程的真实写照，为深入理解和学习社会主义改造理论提供了重要佐证。

3. 实践教学目的

让大学生在实践中充分认识天津纺织历史和纺织文化。利用馆藏的珍贵实物和图片，以浸入式的体验，让学生充分感受新中国工业化的发展历程和历史性成就。

4. 实践教学设计

任课教师带领学生参观考察，教师、馆员交叉讲解，师生全程互动。

（1）从"天津近代纺织工业"角度，了解天津近代纺织工业兴起、民族品牌开创、民族企业与日资企业抗争的历史，充分认识天津纺织工业基础条件和重要地位；

（2）从"新中国的天津纺织工业"角度，了解人民政府接收官僚资本、恢复生产的情况，通过大量的实物资料，了解纺织行业实行公私合营情况；了解社会主义基本制度确立后，天津纺织工业继续发展、勇攀高峰的奋斗历程。

5. 实践作业安排

以"天津纺织业与新中国社会主义工业化"为主题，结合调研情况，写一份考察报告，2000 字左右。

（四）海鸥表博物馆实践创新课

1. 实践基地介绍

天津海鸥表博物馆坐落在天津空港经济区海鸥表业集团厂区内，面积 1000 多平方米，是我国最大的手表博物馆。海鸥手表博物馆分为四大展区，分别是：计时中国陈列区、国表摇篮、计时之宝和创新之路。走进海鸥表博物馆，第一眼看到的是海鸥表发展史介绍墙，介绍墙详细记录了海鸥手表精湛的传统技艺和现代科技成果，直观地为我们展示了我国造表技术的工艺之美和历史文化，折射出当时国产民族工业品牌的辉煌历史。

1955 年 3 月 24 日，中国第一只手表在天津手表厂（天津海鸥集团前身）的四位技师手中问世，从此开启了中国手表制造的历史。1957 年 1 月，天津手表厂筹备处成立，1958 年 10 月 1 日定名为天津市五一手表厂，1962 年 1 月 5 日正式更名为天津手表厂。到 1963 年，天津手表厂的建筑面积已达 16741 平方米，年产 20 万只手表。1965 年 3 月，天津市文教机械制造厂表壳生产车间划归天津手表厂，人员、设备同时调入，至此天津手表厂成为从机芯制造到外观配件生产配套齐全的全能型企业。1966 年 9 月，新型机械腕表"东风"研制成功，1969 年 9 月至 1971 年 9 月，科研人员在 ST5 基础上增加其他装置，先后研制出 ST5B、ST5D 等，使东风表形成了一个完整的系列。1973 年，经当时的国务院副总理李先念批准，东风表以海鸥表商标进入国际市场。1974 年年初，天津手表厂组织了 ST6 女表设计小组进行机械女表的研制，1975 年年底投产，它填补了我国手表制造行业只有男表没有女表的空白。1965 年 10 月，中国第一只航空表顺利通过走时精度、测时、高低温、震动、防磁、防潮、快慢针拨校、上条拨针启动质量、冲击等重要指标检测。1966 年 10 月底，1400 只成品表发往中国空军一线。海鸥表作为新中国发展起来的民族品牌，是中国工业化道路探索的一个缩影，见证了中国工业化道路探索的历史。

博物馆里保留了海鸥手表厂的原来厂名面貌，陈列了原来老一辈海鸥手表厂技师的一些合影、研发制作第一只腕表时用到的部分工具和记录的计时资料笔记、海鸥（原天津手表厂）第一代批量生产的腕表"五一"牌、用来制作腕表零件的已经退役的小立铣床，以及海鸥完全自主研发生产的镇馆之宝陀飞轮、万年历、三问表等一些表款。

2. 实践教学主题

社会主义建设道路初步探索的理论成果。新中国刚刚成立的时候，我国的工业基础非常薄弱。因此，党把实现国家工业化确定为新中国整个经济建设的主要任务。如何走中国工业化道路的问题，毛泽东在《论十大关系》中第一大关系论述的便是重工业、轻工业和农业的关系。毛泽东提出了以农业为基础，工业为主导，以农、轻、重为序，发展国民经济的总方针，以及重工业和轻工业同时并举等一整套"两条腿"走路的工业化发展思路。天津尽管在探索中有曲折，但仍然建立了汽车、拖拉机、照相机、电视机、电子计算机、化学纤维等现代工业生产部门，由以轻纺为主的工业城市发展成为拥有冶金、机械、石油、化工、精密仪器、轻工、纺织、食品等门类比较齐全、具有相当规模的综合性工业基地。天津手表厂生产出了中国第一只手表——海鸥手表，海鸥手表在改革开放前所创造的辉煌正是中国探索工业化道路的一个见证。

3. 实践教学目的

参观海鸥表博物馆，了解海鸥表作为民族工业品牌发展的历史，以此思考中国工业化道路探索的历程、经验和意义。

4. 实践教学设计

（1）集体乘车至海鸥表博物馆参观。听工作人员介绍海鸥表诞生、发展的历程。

（2）与天津海鸥表业集团有限公司工作人员座谈，了解中国第一块表诞生、发展的意义，总结海鸥手表发展的历史经验。

（3）教师总结我国在社会主义建设道路初步探索过程中，对中国工业化道路摸索的历程、思想，引导学生进一步思考中国工业化道路探索的历史经验、意义。

5. 实践作业安排

以中国工业化道路探索的历史经验、意义为主题，结合实践教学的收获，广泛调研，写一份调研报告，2000 字左右。

（五）中共天津历史纪念馆实践创新课

1. 实践基地介绍

中共天津历史纪念馆是 1924 年 7 月中国共产党在天津的第一个领导机关——中共天津地方执行委员会（简称"中共天津地委"）的诞生地，也是天津市唯一的地方党史展馆。1924 年 9 月，中共天津地委在原法租界普爱里 34 号（和平区滨江道普爱里 21 号）正式成立，选举于方舟为委员长，江浩为组织部主任，李锡九为宣传部主任。在中共天津历史纪念馆内，还专门还原了当时中共天津地委召开成立大会时的讨论场景。中共天津地委的成立，标志着在中国共产党领导下，天津第一个党的领导机构的诞生，从此，天津人民的革命斗争进入一个新的时期。

1961 年，中共天津建党纪念馆建立，坐落在长春道普爱里 21 号，为中共天津地委成立旧址。1966 年"文化大革命"开始后，纪念馆被迫停办展品、资料大部分散失，馆舍被占用。1991 年 7 月 1 日，纪念馆恢复，1994 年被市政府命名为天津市爱国主义教育基地。1998 年 5 月，纪念馆闭馆，停止对外开放。2001 年 1 月，该馆迁至山西路 98 号，更名为中共天津历史纪念馆，是天津市一处重要的爱国主义教育基地。中共天津历史纪念馆展厅共分四部分：

第一部分为革命风云——天津地方党团组织的创建发展及其革命活动；

第二部分为艰苦创业——社会主义事业在探索中前进；

第三部分为改革开放——努力开创社会主义现代化建设的新局面；

第四部分为观影——珍贵的党史资料。

2. 实践教学主题

邓小平理论的内容之一，新时期最鲜明的特点是改革开放。邓小平同志明确指出，"如果现在再不实行改革，我们的现代化事业和社会主义事业就会被葬送"，"贫穷不是社会主义"，"我们要赶上时代，这是改革要达到的目的"。习近平总书记着重指出："40 年的实践充分证明，改革开放是党和人民大踏步赶上时代的重要法宝，是坚持和发展中国特色社会主义的必由之路，是决定当代中国命运的关键一招，也是决定实现'两个一百年'奋斗目标、实现中华民族伟大复兴的关键一招。""改革开放 40 年的实践启示我们：开放带来进步，封闭必然落后。中国的发展离不开世界，世界的繁荣也需要中国。"

3. 实践教学目的

参观中共天津历史纪念馆，了解中共天津历史纪念馆成立的宗旨、主要活动及其影响，使学生认识从五四运动以后天津地方党组织以及广大党员和人民群众，前赴后继、英勇奋斗、不怕牺牲，在新民主主义革命、社会主义建设、改革开放和中国特色社会主义新时代的进程中创造的辉煌业绩，学习他们的爱国精神和牺牲奉献精神。尤其是中国特色社会主义进入新时代以来，天津市人民在中共天津市委、天津市政府的领导下，更加紧密地团结在党中央周围，高举中国特色社会主义伟大旗帜，不忘初心、牢记使命，坚持党的基本路线不动摇，坚持解放思想，实事求是，抓住机遇，扎实苦干，在经济建设、政治建设、文化建设、生态文明建设和党的建设等方面，都取得了令人瞩目的成就。改革开放40多年的实践启示我们：中国共产党领导是中国特色社会主义最本质的特征，是中国特色社会主义制度的最大优势，没有改革开放，就没有中国的今天，只有改革开放才能发展中国。

4. 实践教学设计

（1）教师讲解五四运动后天津党组织的基本斗争情况和工作成就。

（2）参观中共天津历史纪念馆展厅四个部分，重点是2021年重新开放后补充的天津党组织从90周年到100周年间的内容。

（3）在改革开放展厅，教师带领全体学生一起回顾邓小平同志在1978年12月中国共产党十一届三中全会上的讲话："只有解放思想，坚持实事求是，一切从实际出发，理论联系实际，我们的社会主义现代化建设才能顺利进行，我们党的马列主义、毛泽东思想的理论也才能顺利发展。从这个意义上说，关于真理标准问题的争论，的确是个思想路线问题，是个政治问题，是个关系到党和国家的前途和命运的问题。""只有思想解放了，我们才能正确地以马列主义、毛泽东思想为指导，解决过去遗留的问题，解决新出现的一系列问题。""不打破思想僵化，不大大解放干部和群众的思想，四个现代化就没有希望。""如果现在再不实行改革，我们的现代化事业和社会主义事业就会被葬送。"

（4）教师总结，邓小平理论第一次比较系统地初步回答了在中国这样的经济、文化比较落后的国家如何建设社会主义、如何巩固和发展社会主义的一系列基本问题，是中国特色社会主义理论体系的开创之作。

5. 实践教学作业

在参观中共天津历史纪念馆的基础上，进一步搜集资料，以"改革开放中的天津工业 / 农业 / 滨海新区"为主题，以论文、微视频等形式完成一份作业。论文不少于 2000 字，微视频不少于 5 分钟。

（六）蓟州区毛家峪实践创新课

1. 实践基地介绍

毛家峪村坐落在天津市蓟州区，北拱皇家园林九龙山国家森林公园，南邻碧波万顷的翠屏湖，东通清东陵，西达黄崖关古长城。毛家峪村山环水绕、奇石怪岩、风光秀美。在 20 世纪 80 年代初，毛家峪村还是一个偏僻落后的小山沟。在当地基层党组织的坚强领导下，毛家峪村充分发挥资源优势，大力开发乡村旅游业，凭着大胆创新的精神、敢为人先的锐气，走出了一条旅游致富路，从曾经的"光棍村"摇身一变成了"毛家峪长寿旅游度假村"，谱写了一部贫困村到旅游专业村的"神话"。2019 年，毛家峪村入选第一批中国乡村旅游重点村。2021 年，毛家峪全村人均年收入已达到 9 万元，旅游综合收入达上亿元。

2. 实践教学主题

"三个代表"重要思想的核心观点，即中国共产党始终代表中国先进生产力的发展要求，代表中国先进文化的前进方向，代表中国最广大人民的根本利益。始终代表中国先进生产力的发展要求，大力促进先进生产力的发展，是我们党站在时代前列，保持先进性的根本体现和根本要求。始终代表中国先进文化的前进方向，建设社会主义精神文明，是社会主义的内在要求。而不断实现好维护好发展好最广大人民的根本利益，则是我们全部工作的出发点和落脚点。

3. 实践教学目的

毛家峪村的实地调研考察，使学生深刻认识到基层党组织始终践行"三个代表"在乡村振兴中的重要作用。在毛家峪村的发展过程中，基层党支部始终坚持立党为公、执政为民，发扬党的优良传统和作风，扎实做好联系服务群众工作，把广大群众紧紧凝聚到党组织周围，为人民为共同富裕而不懈努力。

4. 实践教学设计

（1）主讲教师首先讲解教材第六章第二节中"'三个代表'重要思想的核心观点"，即中国共产党始终代表中国先进生产力的发展要求，代表中国先进文化的前进方向，代表中国最广大人民的根本利益，提出调研问题，引导学生理论联系实际进行社会实践。

（2）带领学生参观考察毛家峪村的村民委员会、农家院、旅游公司、户外活动场地设施和综合文化服务中心等场所，了解毛家峪村现在的发展状况、村民的生活状况。

（3）毛家峪村支书李锁与同学们座谈，讲述毛家峪村人民共同富裕的艰辛发展史。

（4）同学们与部分村民座谈，了解毛家峪村在发展过程中党支部书记一心为民的事迹、党的建设在村子发展中所起的带头作用。

（5）组织学生讨论，学生代表谈实践的感想。教师总结中国共产党加强自身建设的重要意义、在乡村振兴战略中的重要作用。

5. 实践作业安排

根据这次实践教学中所见所闻，以"加强党的建设与乡村振兴"为主题，自拟题目，收集、利用视频、图片、数据、政策文件等，写调研报告、制作电子课件、视频或微电影。

（七）天津工业大学绿色校园

1. 实践基地介绍

天津工业大学作为国家"双一流"世界一流学科建设高校，在生态文明、绿色校园建设的过程中，走在了天津乃至全国高校的前列。天津工业大学从路灯到教学楼建设，从水房到宿舍，从地下到地上，无不体现出绿色、节能、环保等可持续发展理念。天津工业大学的绿色校园建设主要体现在以下多个方面：

（1）LED 半导体照明灯遍布校园：400 盏 LED 路灯、2000 余盏 LED 室内筒灯、100 盏 LED 庭院灯、LED 地埋灯和 LED 草坪灯……这是目前世界上规模最大的商用化半导体照明示范工程之一。

（2）变频水泵和调峰锅炉：这两种相结合的系统，能够充分利用学校最冷季节和最热季节都放假的特点，用燃气锅炉进行调峰。水量和温度都随着学生在校人数和外部气温的变化而变化，从而能够有效地降低使用成本，智能、高效。

（3）地热资源的运用：学校望星运动场地下，建有多口深层地热井和数量众多的浅层土壤换热器井。地热的利用不但解决了供暖问题，还节约了成本。

（4）真空管集热器系统：它的应用充分利用了太阳能，吸热效率达到 97%。学校学生公寓屋顶安装了 1500 平方米的玻璃真空管集热器，利用太阳能供给食堂生活热水和学生淋浴用水，节省了加热水的巨大开支。

（5）自然采光和通风的建筑设计：学校主教学楼的教室外侧墙面几乎全覆盖玻璃，最大限度采光。尤其是几个阶梯教室和 A 区的四楼都有大面积的玻璃天窗，采光效果极好，白天几乎不用开日光灯，极大地节约了电能。

除此之外，学校的大面积绿化，还有镜湖和泮湖两大水生态系统，这让学校不仅美观而且低碳、环保。天津工业大学在建设中大规模使用各种清洁能源和可替代能源，实现了能源供给的多样化和清洁化。这一集成创新系统，符合学校能源利用的实际，符合建设绿色生态校园的理念，符合国家构建节约型校园的要求，是全国高校低碳环保的典范。

2. 实践教学主题

科学发展观的科学内涵和主要内容之"推进生态文明建设"这一部分。科学发展观强调，建设生态文明，实质上就是建设以资源环境承载力为基础、以自然规律为准则、以可持续发展为目标的资源节约型、环境友好型社会。要坚持节约资源和保护环境的基本国策，坚持节约优先、保护优先、自然恢复为主的方针，着力推进绿色发展、循环发展、低碳发展，形成节约资源和保护环境的空间格局、产业结构、生活方式、生产方式，从源头上扭转生态环境恶化趋势，为人民创造良好生产生活环境，为全球生态安全作出贡献。

3. 实践教学目的

对天津工业大学绿色发展、循环发展、低碳发展等发展理念的实地了解，使同学们树立起绿色、循环、低碳等可持续发展的理念，并且积极引导同学们在日常生活中贯彻科学发展观，从而通过自身的行动为生态文明建设、资源节约型和环境友好型社会建设作出当代大学生应有的贡献。

4. 实践教学设计

（1）参观学校体育馆、教学楼以及图书馆等建筑。组织学生在天津工业大学东北门集合，随后由主讲教师带领学生参观学校体育馆、教学楼以及图书馆等建筑，边参观边向学生们介绍学校新校区在建设时环保、节约、低碳的设计理念。

（2）参观变频水泵和调峰锅炉。经过水房时，向同学们介绍变频水泵和调峰锅炉系统，讲解其成本低、智能的特点。

（3）参观 LED 半导体照明灯。主讲教师带领学生们行至励志广场南面，参观道路两旁及励志广场内的 LED 半导体照明灯，讲解其技术创新及绿色环保理念。

（4）参观地热资源的运用。主讲教师带领学生行至西苑运动场、网球场和排球场，讲解学校如何利用浅层土壤换热器并实现埋地换热器地源热泵系统与土壤的冷热交换。

（5）参观真空管集热器系统。主讲教师带领学生行至北苑公寓，向学生们介绍公寓屋顶安装的玻璃真空管集热器及其在节能环保方面的价值。

（6）活动结束后，请学生代表谈谈此次参观绿色校园的感想。

（7）主讲教师针对现场参观情况进行总结，阐发推进绿色校园建设的影响及意义，并对学生们社会实践作业提出相关要求。

5. 实践作业安排

围绕着科学发展观及生态文明建设，写一篇 800 字左右的参观心得体会。

（八）天津海河教育园区思想政治教育实践基地实践创新课

1. 实践基地介绍

天津海河教育园区思想政治教育实践基地是由天津海河教育园区管委会主办、天津现代职业技术学院承办的专门从事高职院校思想政治教育教学及实践的基地。该基地力求把思想政治教育理论教学与实践教学相结合，创新思想政治教育教学方式，提升思想政治教育的吸引力，增强思想政治教育效果，使针对学生的思想政治教育真正做到入脑入心。

天津海河教育园区思想政治教育实践基地共有四个模块的内容：（1）新时代新思想；（2）沿红路寻初心；（3）明明德晓律法；（4）大国工匠。

2. 实践教学主题

习近平新时代中国特色社会主义思想及其历史地位。党的十八大以来，以习近平同志为核心的党中央以巨大的政治勇气和强烈的责任担当，提出了一系列新理念新思想新战略，出台了一系列重大方针政策，推出了一系列重大举措，推进了一系列重大工作，解决了许多长期想解决而没有解决的难题，办成了许多过去想办而没有办成的大事，推动党和国家事业取得了全方位的、开创性的历史性成就，发生了深层次的、根本性的历史性变革。思想是时代的光芒。伟大的时代孕育伟大的思想，伟大的思想照亮时代的航向。党的十九大以如椽巨笔书写了民族复兴的"未来简史"，"新时代"是坐标，"新思想"是灵魂，"强起来"是底色。

天津海河教育园区思想政治教育实践基地第一部分主题是"新时代、新思想"专题。该专题主要介绍习近平新时代中国特色社会主义思想的主要内容以及十八大以来全党全国各族人民砥砺奋进、不懈努力取得的巨大成就，并将习近平新时代中国特色社会主义思想划分为 12 个模块内容，内容布局主要包括：习近平新时代中国特色社会主义思想的核心内容及基本方略；全面深化改革；新时代中国社会主要矛盾；党的历史使命和全面从严治党；贯彻新发展理念，建设现代化经济体系；发展社会主义民主政治；推动社会主义文化繁荣兴盛；坚持在发展中保障和改善民生；建设美丽中国；推动构建人类命运共同体；中国特色强军之路；坚持"一国两制"，推进祖国统一。

3. 实践教学目的

参观天津海河教育园区思想政治教育实践基地，进一步了解十八大以来我们国家的历史性成就和深层次变革，全面掌握习近平新时代中国特色社会主义思想及其历史地位。

4. 实践教学设计

（1）集体乘车至海河教育园区天津现代职业技术学院。听工作人员介绍基地的整体规划。

（2）分组分模块进行沉浸式教学，深入了解习近平新时代中国特色社会主义思想的丰富内涵。基地建设不局限于展示功能，更有参与、体验、实践功能，通过现代多媒体互动交流技术，把理论内容形象化、具体化，并发挥学生的主动性，组织学生在体验参与的同时还可以进行交流互动。如模型展示：量子卫星、长征火箭、天眼模型，航母、歼-20、战神轰炸机、D52驱逐舰、红船模型等；互动场景：互动竞答设备（用于学生回答各种问题），电子翻书、宣誓台、朗读亭、复兴号动车实体比例模型互动、大沽炮台互动、重走长征路及换装互动等；视觉展示：多功能报告厅（远程互动），大型环幕、LED屏幕。

（3）教师总结党的十八大以来我们国家在各个方面取得的突出成就，引导学生进一步思考习近平新时代中国特色社会主义思想的历史地位。基地有相应的评价机制，通过手机APP，集借书、提交作业、评价得分为一体，把学生的学习效果与检测机制相结合，使学生在中心不是简单的游览参观，更要学有所获、学有所得。

5. 实践作业安排

结合实践所得，联系自身生活实际，谈谈习近平新时代中国特色社会主义思想的历史地位。以3~4人组成小组，以小组为单位完成一篇2000字左右的实践报告。

（九）天津市滨海新区规划展览馆实践创新课

1. 实践基地介绍

天津市滨海新区规划展览馆是天津市爱国主义教育基地，是全面展示滨海新区未来总体发展规划和建设成就的专题性展馆。展馆坐落于滨海新区中心位置的商务区内，建筑面积为 8515 平方米。展馆共分三层进行布展，充分利用声、光、电等先进的现代化技术手段，生动展现滨海新区的发展历程、现实成就和未来前景。观众可以多感官、全方位、多角度、直观立体地了解滨海新区的发展全貌。

2. 实践教学主题

滨海新区规划展览馆实践基地主要是对滨海新区未来发展作出的科学的、全新的谋划进行展示，其主题契合思政课"奋力实现中国梦"的内容。中国梦是要实现国家富强、民族振兴、人民幸福，是中国共产党的初心使命的追求，是中华民族几千年的梦想。中国梦的实现是每个人的奉献，亦是每个地区发展的集合。总结经验、立足当下、展望未来，是中国梦实现的历史逻辑、现实逻辑和理论逻辑。

3. 实践教学目的

实现中华民族伟大复兴的中国梦，是一项十分光荣而艰巨的事业，需要全社会的每一个人都付出艰苦的努力，用自己的"实干"托起这一伟大梦想。正如习近平总书记所强调的，"面向未来，全面建成小康社会要靠实干，基本实现现代化要靠实干，实现中华民族伟大复兴要靠实干"。

本次实践教学活动组织学生参观天津滨海新区规划展览馆，其目的正是帮助学生深入了解天津改革开放的巨大成就与前进方向，促使他们可以深刻体会到滨海新区有今天的成就，依靠的就是一代又一代人顽强拼搏、自强不息的精神，而滨海新区今后的发展依然需要这种埋头实干的热情和激情。总而言之，只有每个人都付出锲而不舍、驰而不息的艰苦努力，新区的未来才会更加辉煌，天津的前景才会更加灿烂，而伟大复兴的中国梦也终将在所有人的努力之下变为美好的现实。

进一步结合教材涉及的相关原理讲授，促使学生能够真正领会到"只要一代又一代中国人勠力同心、不懈追求、接力奋斗，我们就一定能够到达中华民族伟大复兴的光辉彼岸"，增强对中国特色社会主义的道路自信、理论自信、制度自信和文化自信，激励他们真抓实干、埋头苦干，团结起来为实现中华民族伟大复兴的中国梦而不断努力奋斗！

4. 实践教学设计

（1）乘车途中介绍天津滨海新区基本情况及其发展的功能定位，以及滨海新区规划展览馆的概况。

（2）在展览馆内由主讲教师和讲解员引导，带领学生参观布展，了解滨海新区"一轴""一带""三个城区""九个功能区"的战略布局。

（3）参观最后，师生讨论"中国梦的实现历程是每个人每个地区梦想的总和"。

（4）教师总结，阐述中国梦的实现是渐进的长期的过程，是在每个近期目标的实现过程中愈来愈近的实现历程。

5. 实践作业安排

结合滨海新区改革创新发展实践与自身生活实际，谈谈当前我们如何奋力实现中国梦，完成一篇1000字左右的实践报告。

（十）中汽（天津）系统工程有限公司实践创新课

1. 实践基地介绍

中汽（天津）系统工程有限公司成立于2014年4月，隶属于中国机械行业规模最大、拥有甲级资质最多的大型央企——中国汽车工业工程有限公司，是一座新型高端汽车涂装装备制造基地。公司位于天津市西青区中北镇汽车工业园区，占地面积202亩，规划建筑面积11.38万平方米，一期建筑面积7.2万平方米。公司建有3.6万平方米的高端装备制造中心，1万平方米的试验中心，6700平方米的综合办公楼以及配备职工食堂及住宿服务的综合服务楼。公司具备先进的加工制造能力及完整的系统集成能力，下辖天津中北、盐城、新乡三个加工制造基地，打造网络式全功能制造体系产业链。公司以打造"构架完善的系统制造能力、最精益化的系统集成能力"为企业发展价值竞争目标，全面提升核心竞争力，通过整合优质制造资源，致力于成为全球先进的涂装工艺、涂装材料与智能化、自动化装备系统配套的先进装备业研发和制造基地。2016 年，公司顺利通过 ISO 三标体系认证，成功获得"天津市科技型中小企业"称号；2017 年，被认定为"国家高新技术企业"和"科技小巨人培育企业"；2018 年，通过"天津市企业技术中心"认证。2023 年，中汽工程顺利通过《企业知识产权管理规范》（GB/T29490—2013）的审核认证，获得知识产权管理体系认证证书，成为企业高质量发展的标志。2023 年 2 月，中汽工程召开第三次党员代表大会，深入贯彻落实党的十九大、二十大精神，进一步发挥党建引领、赋能和保障作用，全面推进企业发展。

2. 实践教学主题

中汽工程是高端汽车涂装装备制造基地，在涉密的车间内可以看到诸多智能设备和现代工艺流程，因此，该实践基地设计的实践课，以新发展理念之一的"创新"作为主题。创新是发展的第一动力，抓住创新就是抓住了发展问题的牛鼻子。所以，在五个新发展理念的内涵中，创新是最基础的，决定着协调、绿色、开放和共享的发展与效能。在推进全面建设社会主义现代化的进程中，把创新摆在各项任务的核心位置，就能够为道路、理论、制度和文化的永续发展与自信自立提供不竭的动力。

3. 实践教学目的

该实践基地的参观学习，让学生亲身感受科技创新对推动国家社会发展的重大意义，感受创新发展理念在社会生产中的贯彻、落实。

4. 实践教学设计

（1）学生乘车去中汽工程途中，由主讲教师介绍公司概况、本节实践课主题，以及沿途与本节课主题相关的企业和景点。

（2）进入公司后，实践课分为两部分，主讲教师讲解思政课基本原理，以及工程师对企业的创新做讲解。

（3）参观后师生互动交流、讨论。

（4）主讲教师总结，布置作业。

5.实践作业安排

以"创新是引领社会进步的动力"为主题，写一篇 2000 字左右的实践基地的学习感受。

（十一）天津兴宁实业股份有限公司实践创新课

1.实践基地介绍

天津兴宁实业股份有限公司，位于天津市宁河区造甲城镇造甲城村西。天津兴宁实业股份有限公司总部距离国家重点保护区七里海湿地 8 公里处，占地 400 亩；种植园区集中在静海、武清、宁河等市郊区域，总种植面积达 6400 亩。公司主要经营绿色生态农业种植，产品分为有机蔬菜和无公害蔬菜两类，延伸产业包括产品配送、销售以及绿色生态农业研发。

公司获得天津市农业产业化经营市级重点龙头企业、天津市休闲农业示范点、3A 级信用企业、第十三届全运会指定蔬菜供应商等系列称号，业务也从最基础的农业种植发展到生态农业。2023 年，公司引入智能技术装备、发展清洁能源与现代农业相结合的绿色低碳产业平台，创建国内领先的智慧农业与机器人主题交互式农业科技园区、农业高新技术园区、乡村旅游体验区。

天津兴宁实业股份有限公司创始人刘晓龙被天津市农业农村委员会认定为"致富创业带头人"、农业领域科技专家。

2.实践教学主题

供给侧结构性改革，就是从提高供给质量出发，用改革的办法推进结构调整，矫正要素配置扭曲，扩大有效供给，提高供给结构对需求变化的适应性和灵活性，提高全要素生产率，更好地满足广大人民群众的需要，促进经济社会持续健康发展。天津兴宁实业股份有限公司主营绿色生态农业种植，近年来取得快速发展，一方面反映了人民群众饮食需求的变化趋势，另一方面也体现了供给侧结构性改革对于企业生产经营活力的释放效能。

3. 实践教学目的

通过到天津兴宁实业股份有限公司的总部和种植园区两大部分进行实地了解，通过具体的实例讲解，学生理解并掌握供给侧结构性改革的内涵，以及进行供给侧结构性改革的目的和意义。

4. 实践教学设计

（1）教师组织学生乘车抵达天津兴宁实业股份有限公司。首先由主讲教师讲述供给侧结构性改革内涵，引申出食品供给结构性改革对广大人民群众美好生活的重要影响和作用。向学生介绍绿色生态农业种植的实践基地——天津兴宁实业股份有限公司。

（2）请天津兴宁实业股份有限公司负责人为学生介绍公司主营业务、绿色生态农业研发、农业科技园区建设等情况。

（3）学生参观公司有关生产、加工车间（基地），由工作人员进行讲解，并与学生互动。

（4）学生谈实践感受。教师提请学生讨论：供给侧结构性改革的目的、意义以及实现途径。

（5）主讲教师针对天津兴宁实业股份有限公司绿色生态经营发展理念，结合学生讨论意见，对供给侧结构性改革的相关理论问题进行总结。

5. 实践教学作业

供给侧结构性改革对于适应人民群众需求结构变化以及满足人民群

众日益增长的对美好生活需要的现实意义。

（十二）天津市西青区精武产业技术研究院实践创新课

1. 实践基地介绍

推动原始技术创新和实现经济高质量发展是当代高校及科研机构的工作使命。创新技术能否落地，能否被市场认可，能否走上良性发展轨道，不仅是对科学技术研究者的考验，也是对技术落地者的挑战。为此，天津工业大学依托天津市学府工业园，积极推动产学研一体化，推动人才、技术和项目落地产业园区，实现技术创新、推广及应用一体化，实现人才培养、团队建设和项目跟进一体化。产业园区依托天津工业大学优势学科，在物联网、膜材料、3D打印等方面持续发力，形成了一批极具特色的科技有限公司，涌现出一批兼具科研带头人和企业家身份的创业团队。这些科技小巨人企业不仅为天津市经济高质量发展注入了活力，也扛起了社会主义现代化的责任。

2. 实践教学主题

加快实施创新驱动发展战略。

3. 实践教学目的

使学生体会加快实施创新驱动发展战略的重要性和必要性，培养当代青年的创新意识和创新能力，培养和造就高水平的创新型人才。

4. 实践教学设计

（1）组织学生前往精武产业技术研究院。

（2）至研究院后，主讲教师首先讲解深入实施科教兴国战略、人才强国战略和创新驱动发展战略，努力实现到2035年跻身创新型国家的发展目标。接着主讲教师引申出"加快实施创新驱动发展战略"的相关内容，以及介绍西青区科技创新实践基地——精武产业技术研究院。

（3）邀请精武产业技术研究院的研究员给同学们介绍研究院的基本

情况、研究的主要内容及重大成果等。

（4）学生参观研究院和重点实验室，了解膜试验技术和产品、大数据中央控制管理信息平台及成果应用情况，并与研究员互动交流。

（5）组织讨论，学生代表谈此次参观实践感想。主讲教师总结创新驱动发展战略的重大意义，鼓励并引导他们培养创新意识和创新能力，成长为创新型人才。

5. 实践作业安排

在交流讨论的基础上，每个小组提交一份以"科技创新服务社会"为主题的实践总结报告，2000 字左右。

（十三）天津农耕文化博物馆实践创新课

1. 实践基地介绍

农耕文化博物馆位于天津市宁河区板桥镇张子铺村，成立于 2017 年 9 月，目前占地 450 亩，建筑及设施 10000 多平方米，包括：种植区、养殖区、加工区和观光区、艺术创意区和双创区、科普体验区。现已开展中小学生研学活动、大学各相关专业的实习活动、农民专业培训、学习农耕文化、军训政治思想教育、中外非遗匠人艺人交流等活动。

2. 实践教学主题

以农耕文化博物馆内容为切入点，围绕"推动社会主义文化繁荣兴盛"相关理论展开。党的十九大提出了实施乡村振兴战略，并将其作为推动农业和农村现代化的重大任务。农村现代化的实现，离不开农村文化软实力的发展。因此，保护和传承优秀的农耕文化是推动乡村振兴和乡村建设的重大举措。2018 年中央一号文件《中共中央国务院关于实施乡村振兴战略的意见》中指出：切实保护好优秀农耕文化遗产，推动优秀农耕文化遗产合理适度利用。自 2018 年开始，每年的秋分日为"中国农民丰收节"，集中展示农村改革发展取得的巨大成就，极大调动中国亿万农民的积极性、创造性与内在动力，提升他们的存在感、荣誉感与幸福感。

习近平总书记讲"小康不小康，关键看老乡"，如何实现农民在脱贫路上不掉队，如何在未来的农业发展道路中更好地落实农民是主体、基层是重点、特色是关键，如何更好地实现上下联动、遍地开花，对农民更好地进行引导而非主导，这些都需要对中国传统农耕文化进行了解与发掘。

3. 实践教学目的

让大学生在实践中认识到中华优秀传统文化是中华民族的精神命脉，是我们最深厚的文化软实力，也是新时代中国特色社会主义文化的精神基因。

4. 实践教学设计

任课教师带领学生参观考察，教师全过程讲解，师生全程互动。

（1）从地理因素、气候条件、自然资源、农业器具、生产管理等方面了解农耕文化的形成背景及主要内容；

（2）探讨农耕文化中农业科技与思想、农业制度与法令、农事节日习俗及饮食文化的相互关系；

（3）探讨在当前社会发展环境下，农耕文化历史传承及其面临的发展困境。

5. 实践作业安排

以"传承中华优秀传统文化"为主题，结合调研情况，写一份调研报告。

（十四）天津天同养老院实践创新课

1. 实践基地介绍

天同养老院位于全国新农村建设示范镇的天津市津南区小站镇，是融医疗、预防、康复、养护、休闲、娱乐、度假、培训于一体的民办非营利性机构。

天同养老院以孝爱理念为宗旨不断创新机构养老服务模式，在国内率先提出"居家—社区—机构"三位一体医养结合模式，并以标准化服务体系为核心、以智能化为手段实行精准管理，使养老服务更加规范、高效、科学、透明。

天同养老服务模式得到国家卫计委、民政部、全国老龄委和社会各界的高度认可。通过政府项目招投标、机构托管、品牌加盟、合资合作等形式，天同养老服务模式在北京、天津、河北、河南、山东、山西、江苏、江西、云南等地成功复制，形成了立足天津、辐射全国的发展态势。

2. 实践教学主题

做好保障和改善民生工作，是坚持以人为本、实现发展成果由人民共享的必然要求，事关群众福祉和社会和谐稳定。

3. 实践教学目的

带领学生深入理解我国优秀的传统孝道文化，让学生在体验中了解我国在推动实现老有所养社会建设方面的典型经验，启发学生从所学专业角度深入思考大学生在推动老有所养事业发展、保障和改善民生中的担当和作为。

4. 实践教学设计

（1）组织学生聆听天同养老院的基本情况，掌握其健康素养、医养结合方面的优势和特色。

（2）带领学生参观天同养老院的孝道文化传承馆。

（3）学生6人一组，分成7个小组，实际参与天同养老院老人的日常活动。活动包括：陪老人做手工、陪老人做烘焙、陪老人打乒乓球、陪老人打台球、陪老人练习书法、陪老人喝茶聊天、听老人讲红色故事。

（4）活动结束后，请学生代表谈此次社会实践的感想。

（5）任课教师针对现场参观和实地实践进行总结，阐发推进养老事业发展对实现老有所养社会建设目标的意义，并对同学的社会实践作业提出相关要求。

5.实践作业安排

（1）要求学生做一次志愿者，参与天同养老院服务老人的相关工作。

（2）要求学生撰写一篇 800 字左右的从事志愿者服务的心得体会，谈谈推进社会治理新水平。

（3）学生以小组为单位，结合调研内容及自己思考，制作一份可复制推广的养老模式计划书，突出如何规范和加强社会养老机构建设，提升社会建设能力。

（十五）天津宝坻人民法院实践创新课

1.实践基地介绍

天津宝坻人民法院曾于 2002 年 7 月、2003 年 12 月分别被最高人民法院授予"全国人民满意的好法院"和"全国模范法院"荣誉称号；2007年、2008 年分别被天津市高级人民法院评为"天津市法院系统先进集体"；2012 年被天津市高级人民法院评为优秀法院；2016 年被天津市高级人民法院评为"2015 年度司法标准化达标示范法院"。天津宝坻人民法院狠抓执法办案第一要务，着力推进司法改革、司法为民和队伍建设，各项工作取得了显著成果，在践行"全面依法治国"方面具有先进性和代表性。

2.实践教学主题

全面依法治国。党的十八届四中全会通过了《关于全面推进依法治国若干重大问题的决定》，明确提出全面推进依法治国。全面依法治国，总目标是建设中国特色社会主义法治体系，建设社会主义法治国家。党的十九大明确提出，全面依法治国是中国特色社会主义的本质要求和重要保障。全面依法治国，努力让人民群众在每一个司法案件中感受到公平正义。

3. 实践教学目的

通过在天津宝坻人民法院调研，了解宝坻人民法院在履行宪法和法律赋予的职责、审判工作、司法管理和队伍建设，提升审判质效和队伍素质，维护社会公平正义，为促进辖区经济社会发展，维护社会和谐稳定等方面的情况。

4. 实践教学设计

（1）至天津宝坻人民法院后，主讲教师首先讲解"中国特色社会主义法治道路"的重要内容，重点讲述"中国特色社会主义法治体系建设"的含义、对"努力让人民群众在每一个司法案件中感受到公平正义"的重大意义。由此，引申出天津宝坻人民法院的实践基地。

（2）请天津宝坻人民法院的负责人给同学们介绍宝坻人民法院在履行宪法和法律赋予的职责、审判工作、司法管理和队伍建设等方面的贡献。

（3）学生参观天津宝坻人民法院的审判庭并旁听案件审判，由法官给同学们讲解法院接案、审案和结案的工作流程，对怎样在案件中维护公民公平正义方面的情况进行介绍，并与学生互动交流。

（4）学生代表谈此次实践的感想。教师提问并让学生讨论：天津宝坻人民法院在审判工作、司法管理和队伍建设等方面落实全面依法治国的作用和意义。

（5）主讲教师针对天津宝坻人民法院在审判工作、司法管理和队伍建设等方面落实全面依法治国的做法和学生的讨论，总结天津宝坻人民法院对坚定不移走中国特色社会主义法治道路的现实意义。

5. 实践作业安排

以"全面依法治国"为主题，结合实践收获，撰写一篇 2000 字左右的社会实践报告。

（十六）武警天津总队机动支队实践创新课

1. 实践基地介绍

该基地是武警天津总队机动支队。武警天津总队的前身是 1948 年组建的华北补训团。这支部队为建立和保卫新中国作出了卓越贡献，曾参加辽沈、平津等战役。1969 年调防天津城区，1983 年正式组建为中国人民武装警察部队天津市总队。2018 年根据习近平总书记的命令，总队再次进行了整编，最终成为拱卫首都、驻守天津的重要武装力量。党的十八大以来，总队先后完成了众多安保、救援救险任务，多单位多人次获得各种奖项和荣誉称号。

2. 实践教学主题

全面推进国防和军队现代化。武警部队是我国构建中国特色现代作战体系的重要组成部分。第一节"坚持走中国特色强军之路"中习近平强军思想、坚持党对人民军队的绝对领导、建设世界一流军队等相关内容，与武警部队的建设密切相关。第二节"推动军民融合深度发展"中"加快形成军民融合深度发展格局"也与本次实践教学的主题紧密相关。

3. 实践教学目的

全面推进国防和军队现代化是习近平强军思想的重要内容。习近平强军思想深刻回答了"新时代建设一支什么样的强大人民军队、怎样建设强大人民军队"的时代课题，强国必须强军，巩固国防和强大人民军队是新时代坚持和发展中国特色社会主义、实现中华民族伟大复兴的战略支撑。本次实践教学可以使大学生认识到没有国防和军队的现代化，就不会有国家的现代化，就不会有中华民族的伟大复兴；理解进入新时代我们党以习近平强军思想为指引,坚持走中国特色强军之路,推动军民融合深度发展,以及我国正以前所未有的勇气和决心推动人民军队的革命性重塑。引导学生认识到,习近平总书记提出的"建设世界一流军队""政治建军、改革强军、科技兴军、依法治军"的战略安排;引导大学生深入思考,新时代国防和军队现代化建设的大幕正在徐徐拉开,大学生应该作怎样的贡献。

4. 实践教学设计

(1)师生集体乘车至武警天津总队机动支队。上车后,由主讲教师先简明地介绍本次现场教学的内容;再介绍本次所考察的地点武警天津总队机动支队,尤其强调纪律问题,不准拍照、不准录像、不准发朋友圈位置等。

(2)全体人员首先来到武警天津总队机动支队史馆,由负责警官给师生们详细地介绍支队的历史变迁,让师生们对支队历史以及当前在政治建军、改革强军、科技兴军、依法治军等方面有个全面的了解。

(3)全体师生进入战士活动室,支队官兵与师生开展互动活动,相互学习、交流,推动军民融合,加深军民鱼水情;另外,学生代表谈此次交流体会。

(4)师生在负责警官带领下参观支队荣誉墙,了解支队历史上和现如今的光荣历史及先进事迹,感受支队对我军红色基因、光荣传统的传承及支队战士们今天的风采。师生和战士们在荣誉墙下合影留念。

5. 实践教学作业

在本次社会实践的基础上,收集资料,从"政治建军""改革强军""科技兴军""依法治军"等主题中选一个主题撰写一份调研报告,3000字左右。

（十七）天津海河教育园区思想政治教育实践基地实践创新课（二）

1.实践基地介绍

天津海河教育园区思想政治教育实践基地是由天津海河教育园区管委会主办、天津现代职业技术学院承办的专门从事高职院校思想政治教育教学及实践的基地。其中，包括大国外交等专门几个板块展示内容。

2.实践教学主题

中国特色社会主义大国外交。中国坚定奉行独立自主的和平外交政策，尊重各国人民自主选择发展道路的权利，维护国际公平正义；中国积极发展全球伙伴关系，扩大同各国的利益交汇点，推进大国协调和合作；中国坚持对外开放的基本国策，坚持打开国门搞建设，积极促进"一带一路"国际合作。

3.实践教学目的

带领学生参观复兴号，感受中国发展变化；参观习近平总书记倡议的"一带一路"板块，通过图片等资料了解政策沟通、设施联通、贸易畅通、资金融通、民心相通等内容；参观构建人类命运共同体板块，了解中国在世界的重要作用；参观进一步发挥中国和平外交作用板块，领会中国坚定奉行独立自主的和平外交政策。

4.实践教学设计

第一个板块：带领学生进入复兴号，这趟复兴号是从全面建成小康社会开至社会主义现代化强国的时空高铁。六块屏幕分别显示我国经济建设取得的成就。复兴号高铁是中国人的骄傲，也是中国铁路新的里程碑，奏响了交通强国、铁路先行的时代强音。中国高铁的运营里程占到世界的60%。

第二个板块：带领大家参观"一带一路"全景地图。通过对各种图片以及文字资料的阅读，体会中国对"一带一路"沿线国家发展的贡献。

2013年，国家主席习近平在国际上提出"一带一路"重大倡议。2016年11月，联合国大会首次在决议中写入中国的"一带一路"倡议。"一带一路"建设以政策沟通、设施联通、贸易畅通、资金融通、民心相通为主要内容。自倡议实施以来，成为带动全球经济重拾增长的新希望。截至2019年3月，已经有124个国家和29个国际组织签署"一带一路"合作文件。

第三个板块：参观构建人类命运共同体板块。图片展示2017年9月4日，金砖国家领导人第九次会晤在厦门国际会议中心举行时，中国国家主席习近平主持会晤并发表题为"深化金砖伙伴关系 开辟更加光明未来"的重要讲话。此外，图片还展示习近平总书记在日内瓦等会议上的倡议，以及习近平总书记在亚太峰会等多个场景的讲话。主讲教师向学生讲清楚中国坚定奉行独立自主的和平外交政策，尊重各国人民自主选择发展道路的权利，中国高举和平、发展、合作、共赢的旗帜，恪守维护世界和平、促进共同发展的外交政策宗旨，坚定不移在和平共处五项原则基础上发展同各国的友好合作，推动构建人类命运共同体，推动建设相互尊重、公平正义、合作共赢的新型国际关系。

第四个板块：展示中国将继续发挥负责任大国作用，积极参与全球治理体系改革和建设。图片展示东海舰队派出多艘舰船多批次参加亚丁湾护航行动。2015年3月，也门战火升级，中国派出三艘军舰安全撤出中国公民613人，同时协助来自15个国家的279名外国公民安全撤离，被誉为帮助中外公民撤离险地的"诺亚方舟"。中国赴马里的维和部队。中国的和平方舟，这是世界上第一艘超万吨级大型专业医院船，具备相当于中国陆上三甲医院的医疗水平。和平方舟曾多次赴海外交流，为多个国家提供免费医疗服务，开展各种类型的人道主义救助，彰显了中国形象和中国魅力。

5. 实践教学作业

在参观大国外交展的基础上，讨论中国青年在"一带一路"建设、构建人类命运共同体等领域如何发挥作用，写 1500 字左右的论文。

（十八）西营门街党群红色街区实践创新课

1. 实践基地介绍

西营门街道党群服务中心位于西营门街党群红色街区，是天津市首个党建红色街区。中心设有五层，是一个集服务平台、文化园地、展示窗口、精神家园等功能为一体的党员群众共享空间。服务中心一层是为居民提供一站式服务的党群服务中心大厅，设有 24 小时红色书屋以及智能售书区。二层是党建红色展厅，展览墙上详细记录着建党以来发生的重大历史事件，全维度地展现红船场景及身临其境的党的代表大会现场场景。三层的综合文化服务中心和四层的党群生活服务中心以服务居民为目标，使用现代化的技术手段和合理科学的设计，通过教育培训室、书画创作室、展览室等场所极大地丰富了居民的精神生活；通过理发、电器维修、老年人日间照料、儿童快乐营地等志愿服务区域，极大地便利了居民生活。位于服务中心顶层的红色总部指挥中心，整合现有的资源，依托互联网、大数据、云平台等技术，打造了"互联网＋党建"的前沿阵地，创新了社会治理新格局。

2. 实践教学主题

西营门红色街区实践基地以党建引领、多元参与，基层党建与服务人民紧密相连为特色，其在思政课的教学内容上，能够与"坚持和加强党的全面领导"相对应。中国共产党的领导是中国特色社会主义的本质特征，必须坚持党的全面领导。而要坚持党的领导就必须要加强党的自身建设，保持党的先进性，确保党始终能够不忘初心、牢记使命，全心全意践行为人民服务的宗旨。加强党的建设要全力推进基层党组织建设，打通为人民服务的"最后一公里"，使基层党组织成为贯彻党的意志和方针政策的坚强战斗堡垒，不断提升党的凝聚力、感召力和向心力。

3. 实践教学目的

本实践主题的教学活动安排在课程第十四章《坚持和加强党的领导》教学环节，是对理论讲解的深化和延伸，主要是为了使学生了解基层党的建设在基层的运行与创新，了解党组织如何以红色文化为引领为群众服务从而提升社区服务质量。

4. 实践教学设计

（1）在乘车去西营门红色街区途中，主讲教师介绍实践基地概况，讲解党的建设的相关内容，给学生预留实践参观的小问题；

（2）到达实践基地后，由基地讲解员带领师生参观并做讲解；

（3）师生与基地的工作人员就党建引领服务的主题开展座谈，进一步了解基地党群服务的内容与故事；

（4）教师总结并讨论给学生预留的小问题，突出本节实践课"忠诚于党、服务人民"的主题。

5. 实践作业安排

在交流讨论和发言的基础上，课后每个小组提交一份以本次党建与社区服务为主题的实践总结报告，字数 1000 字左右。

四、实践创新课程考核

1. 实践创新课在总成绩中占 25 分。

2. 由教师和学生代表共同组成考核小组，学生通过实践教学作业演讲、面试答辩等形式进行实践教学考核。

3. 对于考核优秀的作业，利用课堂进行展示或在全校范围内举办实践教学成果展示会进行展示。

实践创新课教案

天津觉悟社纪念馆实践创新课教案

1. 实践基地简介

天津觉悟社纪念馆总面积 176 平方米。该馆有复原陈列室一间，辅助陈列室两间，这里是当年觉悟社社员活动的地方。外墙筑有"觉悟社旧址"石碑，屋内设书桌、铁床等，桌上有文房四宝和马克思著作，外间八仙桌上有社员抓阄用的铁盘和纸阄，再现了历史原貌。辅助陈列室内藏有珍贵的历史文献和照片 80 余件，展示了 1919 年五四爱国运动期间由周恩来、邓颖超、马骏等骨干组成的进步爱国团体，觉悟社的成长、斗争历程，以及觉悟社在天津爱国运动中所起到的领导核心作用。

觉悟社是周恩来、邓颖超等在五四运动中创办的，是当时在国内影响较大的爱国青年进步团体。觉悟社于 1919 年 9 月 16 日成立，社员们研究新思潮，探讨救国救民的真理，积极参加实际斗争，成为当时天津反帝爱国运动的领导核心，在北方的革命社团中享有很高的声望。

纪念馆设有复原陈列和辅助陈列两部分。复原陈列再现了原三戒里 4 号院的面貌和当年社员们活动时的情景，展出了社员抓阄决定代号的工具以及学习、生活用品等珍贵文物。辅助陈列室则以大量历史文献、照片、绘画及雕塑等，生动展示出以周恩来、邓颖超为代表的觉悟社成员进行革命活动的战斗历程。

2. 原理简介

觉悟社是在五四运动期间反帝爱国、学习宣传马克思主义的重要组织。本次实践课主要结合觉悟社的发展历程，讲述马克思主义在中国的早期传播，以及包括周恩来、邓颖超等早期先进青年知识分子在传播马克思主义方面的重要贡献。

党的二十大报告指出："马克思主义是我们立党立国、兴党兴国的根本指导思想。实践告诉我们，中国共产党为什么能，中国特色社会主义为什么好，归根到底是因为马克思主义行，是中国化时代化的马克思主义行。"我国在中国化时代化的马克思主义指引下，取得了革命、建设和改革的辉煌成就，以实践证明早期先进青年知识分子实现思想向马克思主义转变的重大意义。

3. 实践课内容

（1）观看纪录片：《永恒记忆——志同道合的青春》，了解"五四"时期觉悟社历史活动及其青年代表的感人事迹。

（2）教师结合觉悟社历史活动讲解五四运动与马克思主义在中国传播的背景。

4. 实践课详案

教师开场：

同学们好！今天，我们走进觉悟社纪念馆的实践创新课主要围绕"五四运动时期，以毛泽东、周恩来等为代表的中国先进知识分子为何选择了马克思主义"这一问题来展开，通过这次课的学习，同学们要能够深刻理解为什么说五四运动促进了马克思主义在中国的传播，为什么一大批先进知识分子在五四运动期间实现了思想转向，成为坚定的马克思主义者。

学习过中国近现代史，大家知道，1840 年鸦片战争以来，中国一步步沦为半殖民地半封建社会，中华民族的屈辱史也是中国人民的奋斗史，但不论是以自救为基本导向的洋务运动，还是以改良为基本导向的维新变法运动，抑或以民主革命为基本导向的辛亥革命，都没有办法"根治"中国社会面临的顽疾，都具有不彻底性。当"器物"与"制度"的求索宣告失败后，有识之士开启了从文化上突围现实困局的道路，由此"德先生"

和"赛先生"被请进国内，新文化运动登上历史舞台。新文化运动力求改变中国社会中的伦理道德风气，但也存在某些全盘否定传统价值观念与思想文化的偏激倾向。正当辛亥革命的失利和第一次世界大战的爆发，暴露出资产阶级的民主政治方案和资本主义制度实际处于危机四伏之时，俄国"十月革命一声炮响，给我们送来了马克思列宁主义"。

毛泽东曾对十月革命和五四运动之间的关系作了阐释："五四运动是在十月革命的影响之下发生的，十月革命对世界的觉醒，对中国的觉醒，影响是很大的。"在这样的历史背景下，在巴黎和会中国外交失利与北洋政府腐败不作为的直接驱动下，五四爱国民主运动爆发了。

我们今天要走近的觉悟社就成立于五四运动爆发后不久，是 1919 年9 月成立的青年学生进步团体，二十名社员男女各半，其中周恩来、邓颖超、马骏等人都是当时天津学生运动的骨干。我们现在所在的位置就是当年觉悟社活动原址。

接下来，我们跟着讲解员老师一起看看当年觉悟社的活动情况，大家边看边体会蕴藏在社员们内心深处的爱国精神和情怀，同时想一想革命战争年代广大青年的中国梦是什么？他们为这个梦想作出了怎样的努力和牺牲？成长成才在新时代的我们应该怎样在实践中传承爱国奋斗精神？

【参观觉悟社复原展和辅助陈列展，在辅助陈列展的序厅，由教师领读、全体学生一起朗读周恩来同志写的觉悟社的目标："本着反省、实行、持久、奋斗、活泼、愉快、牺牲、创造、批评、互助的精神，求适应于'人'的生活——做学生方面的'思想改造'事业"，感受觉悟社革新革心、自觉自决的精神。学生听讲解员讲解觉悟社活动的情况。

在参观到周总理"思想是颤动于狱中"的展板时，教师补充讲解：】

五四运动后，觉悟社作为天津学生爱国运动的领导核心，领导天津学生继续斗争。从 1919 年 8 月下旬到 10 月初，为了支援山东人民的爱国斗争，周恩来同天津各界人民代表两次进北京，到总统府门前示威，他负责后勤供应和宣传、报道。这期间，觉悟社在天津五四运动史上是值得大书一笔的。11月，日本驻福州领事指使歹徒打死打伤抵制日货的中国学生，制造了有名的"福州惨案"。不仅如此，日本帝国主义还提出山东问题由日中"直接交涉"的无理要求，企图压迫中国政府，侵吞山东省利益。腐败无能的反动政府居然准备接受这个无理要求，引起全国人民的愤怒反抗。直隶省长曹锐下令各学校提前放寒假，以瓦解学生的爱国运动。周恩来主持觉悟社会议，提出"反对直接交涉""反对日本干涉中国内政""反对提前放假"等口号，由学联组织学生广为宣传，并组织日货调查团，深入开展抵制日货运动。

高涨的爱国运动遭到了天津反动当局的疯狂镇压，学生联合会和各界联合会的代表相继被捕，同时查封了学生联合会和各界联合会，迫使学联和觉悟社活动转入地下。在这危急关头，觉悟社会员于1920年1月26日至28日，在天津法租界维斯礼堂地下室召开秘密会议，研究下一阶段开展斗争的情况。1月29日，周恩来领导天津各校学生五六千人赴直隶公署请愿。下午2点，周恩来宣布请愿开始，并宣读了向北洋政府和直隶省公署提出的四项要求：

（1）驳回日本通牒；（2）拒绝山东问题直接交涉，催办"福州惨案"的交涉，取消中日军事协约；（3）恢复天津学联原状；（4）释放被拘代表，不干涉人民集会、结社、言论、出版自由。到达省公署后，群众推出周恩来、郭隆真、于方舟、张若名4人为代表见省长曹锐。4人全部遭到逮捕。军警随着冲入学生队伍中，用枪托刺刀横击直刺，重伤学生50多人，造成"一·二九流血惨案"。当晚，周恩来等4名代表被押往营务处，由此开始了周恩来长达半年之久的铁窗生涯。这是周恩来第一次遭受反动当局逮捕。

4月7日，警察厅迫于压力将被捕代表移送地方检察厅，拘留条件有所改善。除两名女代表外，男生可以同住一处，自由往来，阅读书报。他们共同议定：推举周恩来、马千里、于兰渚（于方舟）三人主办读书团，带领大家研究社会问题。半年的狱中生活，虽然使周恩来失去了自由，但他利用这段被羁押的时间，重新思考了一些问题。他曾在给友人的信中说："思想是颤动于狱中。"出狱后的周恩来开始走上了职业革命家的道路。

《检厅日录》记载的是周恩来等被捕代表1920年4月7日至1920年7月17日在天津地方检察厅被关押的情况，是以日记体的形式根据被捕代表的活动日志与日记编辑而成的。

据《检厅日录》记载，1920年5月14日议决"由周恩来介绍马克思学说"，5月28日"周恩来讲马克思学说、历史上经济组织的变迁同马克思传记"，5月31日"由周恩来讲马克思学说、唯物史观"，6月2日"仍由周恩来讲马克思学说、唯物史观的总论同阶级竞争史"，6月4日"仍由周恩来续讲马克思主义——经济论中的余工余值说"，6月7日"周恩来续讲马克思的学说——经济论中的《资本论》同'资本集中说'，今天马氏学说已经讲完了"。

在当时的中国，对马克思主义能作如此系统演讲的人是不多的，尽管李大钊在1919年发表的《我的马克思主义观》对马克思主义三个组成部分作了系统宣传，但毕竟是在公开刊物《新青年》杂志上发表的，他又有北大教授和图书馆主任这个头衔和公开身份，介绍新学说、新思想是其本分和职责所然。而周恩来继李大钊之后整整一年，不是在公开的讲坛、期刊上，而是在身处监狱的特殊境况下系统宣传了马克思主义的三个组成部分，显得更加难能可贵。

五四运动之后，许多中国青年目睹了中国社会的腐败黑暗，纷纷前往欧洲勤工俭学，探索救国救民的真理，一些中国先进分子长期以来把富强的西方国家看作中国仿效的榜样。第一次世界大战后，欧洲国家社会危机的广泛爆发，不能不使更多的人觉得这条旧路子难以再走下去，需要改弦易辙，代之以一种新的更加合理的社会制度。面对欧洲正流行的多得令人眼花缭乱的各种"社会主义"思潮，究竟哪一种学说才是科学的，才是能够正确地指引中华民族获得新生的道路呢？ 1920 年 11 月，周恩来前往法国考察学习，战后的法国，社会矛盾尖锐，共产主义运动日趋高涨，马克思主义的书籍和报刊在法国十分流行，很容易得到。他如饥似渴地阅读着《共产党宣言》《国家与革命》等马克思主义的经典著作，经过反复的学习和思索，周恩来终于作出自己一生中最重要的抉择——确立了共产主义的信念。他在给觉悟社社友的信中这样写道："我认的主义一定是不变了，并且很坚决地要为它宣传奔走。"

【跟着讲解员学唱觉悟社社歌，进一步感悟先辈"携手作先驱，奋斗牺牲是精神"的精神，感受马克思主义对青年学生的吸引力。】

教师提问：革命战争年代广大青年的中国梦是什么？是什么样的精神鼓舞推动他们为实现这个梦想不惜失去自由甚至是付出生命的代价？（学生回答）

【教师总结，马克思主义在五四运动时期的传播、壮大是不可阻挡的历史趋势，引出毛泽东的新民学会的活动，讲述毛泽东选择、传播马克思主义的情况。】

正如大家刚刚看到的，除了觉悟社以外，五四运动时期的主要社团还有很多，诸如毛泽东等人在长沙创立的新民学会等。新民学会在五四运动中，组织和领导湖南人民的反帝爱国运动，后又组织驱逐湖南军阀张敬尧的运动，成为中国共产党成立前湖南革命运动的核心，其间大多数会员接触到马克思主义和劳工运动，思想上发生了重大变化，"改造中国与世界"成为该学会的宗旨。

以毛泽东、周恩来为代表的先进知识分子又是为何选择了马克思主义呢?

马克思主义最初作为一种思潮传入中国,在五四运动之前其传播速度较为缓慢,理论内容呈现也较为碎片化,仅限于少数刊物的简要介绍,这些介绍也都只是针对马克思主义理论的某一方面或某些片段。在五四运动之后,由于实践力量与理论力量的双重推动,马克思主义在中国加快了传播的步伐。正如毛泽东所言:"在'五四'以后,中国产生了完全崭新的文化生力军,这就是中国共产党人所领导的共产主义的文化思想,即共产主义的宇宙观和社会革命论。"事实上,五四运动和马克思主义在中国的传播是一个论题的两个方面,前者从时间上证明了工人群众的巨大力量并标志着新民主主义革命时期的到来,后者从理论上揭示了在中国依靠人民群众力量进行救亡图存的必要性与必然性,它们之间产生了协奏效应。也正是在五四运动期间,以毛泽东、周恩来等人为代表,一大批知识分子实现了思想转变,为后来中国共产党的成立奠定了坚实的思想基础与干部基础。

综合起来,"五四"时期中国先进知识分子选择信仰马克思主义的历史必然性,是一个背景广阔、历程复杂、诸多因素共同促成的历史合力结果。

从历史上看,鸦片战争后,中国国情的主旋律是救亡图存,优秀知识分子们为此付出了千辛万苦,向西方寻找了一个又一个方案,但几代人的尝试均未成功,直到"五四"时期发现马克思主义。马克思主义是地地道道的"舶来品",它能够为中国优秀知识分子和中国人民所接受,一方面是马克思主义理论的科学性,另一方面是中国革命形势发展的客观需要。

从时代背景来看，随着俄国十月革命的胜利及世界工人运动的高涨，中国的先进分子看到了另一条新的道路，他们受到了深刻的影响，这就促使他们接受马克思主义并坚定对马克思主义的信仰。周恩来在日本留学期间就受到了十月革命的影响，在思想上开始倾向马克思主义，由革命民主主义者逐步转变为具有初步马克思主义思想的知识分子。

十月革命到底给当时的中国带来了什么呢？

十月革命诞生的社会主义俄国号召反对帝国主义，并以新的平等态度对待中国，使中国先进分子对苏俄和社会主义产生信任和好感。十月革命后，新生的苏维埃政权多次宣布放弃沙皇政府从中国攫取的满洲及其他地区，废弃俄国人在中国享有的一切特权，这与西方列强形成强烈的对比，先进的中国人决定以俄为师，放弃资产阶级共和国方案，走俄国式的社会主义道路。

十月革命的胜利使先进的中国人认识到，经济文化落后的国家可以通过走社会主义道路实现民族独立和人民解放。十月革命使经济文化比较落后的俄国通过工农革命，推翻资产阶级统治，中国与俄国国情相近也须有同类的精神，即使用革命和社会主义。当时毛泽东也曾说，"我看俄国式革命，是无可如何的山穷水尽诸路皆走不通了的一个变计，并不是有更好的方法弃而不采"。

十月革命的成功经验给中国革命以方法论启示：中国革命要成立无产阶级政党，广泛发动工农群众。十月革命是以列宁为首的布尔什维克党坚持长期斗争，充分调动广大工人、农民和士兵才赢得了最后的胜利。十月革命后，先进的中国人在介绍和总结俄国十月革命经验时，已经有意识地用于指导中国革命实践，建立俄国共产党式的无产阶级政党。

从国内社会条件来看：第一，新文化运动催生了思想解放。新文化运动以前所未有的猛烈程度冲击统治中国长达两千年之久、享有绝对权威的封建思想文化，解除了传统封建教条对人们头脑的禁锢，扫除了人们僵化愚昧的意识，活跃了人们应对国难的思路，这就为先进的中国人接受马克思主义准备了思想条件。第二，中国工人阶级的壮大。中国工人阶级最早出现于19世纪40年代至50年代外国资本主义在华企业中，它是先于中国的资产阶级而产生的。后来经过洋务派开办企业以及民族资本主义企业的发展，工人阶级逐渐壮大起来。五四运动以后，中国的工人阶级进一步发展壮大，已经由自在阶级成长为自觉阶段，后又因中国共产党的成立，作为一支独立的政治力量登上历史舞台。中国工人阶级是中国新生产力的代表，深受帝国主义、封建主义、资产阶级三重压迫，工资低、劳动时间长、劳动条件恶劣，革命性最强，而且大多出身于破产的农民，因此与广大农民有着天然的联系，是近代中国最革命的阶级。第三，通过与各种主义比较、辨析后的坚定选择。五四运动前后的中国，新思潮如雨后春笋般地出现，除马克思主义外，尚有反映资产阶级、小资产阶级政治思想的无政府主义、新村主义、泛劳动主义、基尔特社会主义等。改造中国究竟要靠什么主义，在当时先进知识分子的认识中还是非常模糊的，不少人正是在走了一段弯路后，通过反复比较、反复辨析，作出了接受马克思主义的选择。

周恩来在欧洲对打着社会主义旗号的各种思潮进行认真研究比较后，决定"当信共产主义的原则和阶级战争与无产阶级专政两大原则，而实行的手段则因时制宜"，并表示"我认的主义一定是不变了，并且很坚决地要为它宣传奔走"。毛泽东在1920年3月还对人说，自己对于"种种主义，种种学说，都还没有得到一个比较明了的概念"。但在这以后不到一年的时间中，经过学习马克思主义和对各种主义、学说的比较鉴别，1921年1月在新民学会长沙会员大会上，他明确表示选择马克思主义。他说："社会民主主义，借议会为改造工具，但事实上议会的立法总是保护有产阶级的。无政府主义否认权力，这种主义恐怕永世都做不到。温和方法的共产主义，如罗素所主张极端的自由，放任资本家，亦是永世做不到的。激烈方法的共产主义，即所谓劳农主义，用阶级专政的方法，是可以预计效果的，故最宜采用。"

五四运动对于马克思主义在中国的传播和影响是开创性的、根本性的。五四运动是马克思主义在中国由分散传播走向聚合传播、由局部传播转向整体传播、由小众学说走向主导理论的关键实践节点。

一百年后的今天，我国思想观念和意识形态领域状况复杂，主流的与非主流的同时并存，先进的与落后的相互交织，呈现出多元、多样、多变的特点。作为新时代的新青年，我们如何在风云激荡的思想大潮中保持政治定力，坚守马克思主义在意识形态领域的指导地位？（学生讨论后回答）

同学们，百年前的"五四"青年为救国救民、实现民族独立和国家富强冲在第一线，经过百年的奋斗，今天我们中华民族从站起来、富起来到强起来，比历史上任何时期都更接近实现伟大复兴的中国梦。时代不同了，但每一代青年都有自己的历史使命与时代担当。2019 年是新中国成立 70 周年，也是五四运动爆发一百周年，同学们要牢记总书记在纪念大会上对广大青年提出的六点殷切期望，做社会主义建设事业的合格接班人。

布置课后作业： 在参观觉悟社展览馆的基础上，进一步搜集资料，以"新时代新青年选择马克思主义"为主题，以论文、微视频等为主要形式，完成一份作业。

平津战役纪念馆实践创新课教案

1. 实践基地简介

平津战役纪念馆是中共中央决定在天津修建的、全面展现平津战役伟大胜利的专题纪念馆。1995 年 11 月工程奠基，1997 年 7 月建成开馆。自开馆以来，平津战役纪念馆已先后接待国内外观众 300 多万人次。多位党和国家领导人先后莅临纪念馆视察参观。

平津战役纪念馆曾先后被命名为天津市爱国主义教育基地、天津市国防教育基地、天津市科普教育基地；2004 年，被中宣部、人事部、民政部、文化部评为全国爱国主义教育示范基地先进单位，2005 年，又被国家发改委、中宣部列为"全国红色旅游经典景区"，是全国开展爱国主义教育的重要基地、国防教育的重要载体、革命传统教育的重要课堂、精神文明建设的重要窗口和弘扬先进文化的重要阵地。场馆有六大展厅：

（1）序厅：大厅正中央的铸铜雕像《走向胜利》，表现了中共中央毛泽东和刘少奇、朱德、周恩来、任弼时五位领导人的领袖风采；墙屏上毛泽东关于平津战役作战方针的浮雕手迹熠熠生辉；环周巨幅壁画《胜利交响诗》反映了东北、华北两大区军民英勇奋战、夺取战役胜利的宏大场面。

（2）战役决策厅：通过对中共中央九月会议和全国与华北战略形势的发展变化、平津战役的方针和部署等诸多重大历史事实的追溯，展示了平津战役发生的背景与全国战场的关系，着力表现了中央军委，特别是毛泽东高瞻远瞩、审时度势，作出将国民党傅作义集团扣留于华北就地歼灭的英明决策的过程。厅内设置了毛泽东西柏坡办公室旧址复原蜡像以及大量历史文物、照片多媒体演示，将毛泽东驾驭战争的伟大气魄、运筹帷幄的高超指挥艺术，形象生动地表现出来。

（3）战役实施厅：通过大量照片、文献、实物等史实材料与图表、绘画等辅助展品有机结合，全面真实地展现了平津战役从发起到胜利结束的光辉历程。该厅设置的巨幅塑型电动图、大屏幕电视、战场景观、电动沙盘等，运用现代化的手段和形式，逼真地再现了战争场面。

（4）人民支前厅：运用大量史料，翔实地展现了东北、华北各级中国共产党组织、政府和解放区广大人民群众踊跃支前的历史场景，深刻地揭示了兵民是胜利之本这一革命战争规律。

（5）伟大胜利厅：陈列了平津战役取得的辉煌战绩和北平、天津以及全国各地欢庆胜利的场面等内容，并设置了缴获武器陈列台。同时，对平津战役胜利后、新中国成立前发生的一些重大历史事件作了概要介绍。反映了平津战役连同辽沈、淮海等重大战役的伟大胜利，在中国革命历史演进中所起的重要作用和影响。

（6）英烈业绩厅：陈列了毛泽东、邓小平、江泽民和其他领导同志的题词；有关数据显示，该展厅介绍了平津战役中牺牲的 32 位著名烈士和团以上干部、26 位战斗英雄和 109 个英模群体的事迹；悬挂了英模群体的锦旗；展出了大量奖章、证书和英烈所用物品。英烈名录墙镌刻了战役中牺牲的 6639 名烈士姓名，寄托了对烈士的深切怀念和敬仰。

2. 原理简介

《毛泽东思想和中国特色社会主义理论体系概论》2018 年版第二章中关于"新民主主义革命理论"部分内容的实践教学。该课程以展馆内容为切入点，展开历史的画卷，追踪毛泽东波澜壮阔的一生，探寻他对中国不平凡的贡献，尤其是在新民主主义革命时期所作的贡献。

让大学生认识到新民主主义革命的特点及其理论形成的依据，理解新民主主义革命的总路线和基本纲领的历史意义及其当代价值，认识到新民主主义革命的道路特点及基本经验总结"三大法宝"——"统一战线、武装斗争、党的建设"的深刻内涵及当代意义。引导学生认识到，毛泽东思想及历史地位，认识到一个多世纪以来，在中华民族追求独立富强的沧桑衰荣中，从来没有一个人，像毛泽东那样深刻、长远地影响着中国。认识到今天，从经济、政治到文化、艺术，从信仰、情感到宗教、风俗，从家庭到社会，从中国到全球，从历史、现在到人们可想象的未来，毛泽东思想的影响无处不在，永远值得我们大学生去解读。

3. 实践课内容

组织学生前往。学生、教师和观摩领导集体乘车自学校至平津战役纪念馆。上车后，由主讲教师先简要介绍平津战役纪念馆，再介绍实践教学步骤、目的、学生要思考的问题。实践教学环节设计如下：

（1）车上讲解

毛泽东思想形成发展的过程。毛泽东思想是在我国新民主主义革命、社会主义革命和社会主义建设的实践过程中，在总结革命和建设正反两方面经验的基础上，逐步形成和发展起来的。

①毛泽东思想的形成

第一次国内革命战争时期，毛泽东分析了中国社会各阶级在革命中的地位和作用，提出了新民主主义革命的基本思想。

土地革命战争时期，中国共产党逐步开辟了农村包围城市、武装夺取政权的革命道路。毛泽东提出并阐述了农村包围城市、武装夺取政权的思想，标志着毛泽东思想的初步形成。

②毛泽东思想的成熟

遵义会议以后，毛泽东系统分析了党内"左"的和右的错误的思想根源，科学阐述了新民主主义革命理论。新民主主义革命理论的系统阐述，标志着毛泽东思想得到多方面展开而趋于成熟。

③毛泽东思想的继续发展

解放战争时期和新中国成立以后，中国共产党先后提出人民民主专政理论、社会主义改造理论、关于严格区分和正确处理两类矛盾的学说，特别是正确处理人民内部矛盾的理论。这一时期形成的关于社会主义革命和社会主义建设的重要思想，是毛泽东思想的丰富和发展。

（2）毛泽东思想的主要内容（重点是新民主主义革命理论）

毛泽东思想围绕中国革命和建设的主题，提出了一系列相互关联的重要理论观点，构成了一个完整的科学思想体系，以独创性的理论丰富和发展了马克思列宁主义。

①新民主主义革命理论

毛泽东从中国的历史和现实出发，深刻研究中国革命的特点和规律，创立了无产阶级领导的，工农联盟为基础的，人民大众的，反对帝国主义、封建主义和官僚资本主义的新民主主义革命理论。其基本点，一是认为中国资产阶级有两个部分，二是认为中国革命只能以长期的武装斗争为主要形式。新民主主义革命理论，是反映新民主主义革命客观规律的完备的理论形态。

②革命军队建设和军事战略的理论

毛泽东系统解决了如何把以农民为主要成分的革命军队建设成为一支无产阶级性质的、具有严格纪律的、同人民群众保持亲密联系的新型人民军队的问题。他提出了建设人民军队和进行人民战争的思想，为革命军队制定了一系列人民战争的战略战术，总结出著名的十大军事原则。这些都是毛泽东对马克思列宁主义军事理论的杰出贡献。在中华人民共和国成立以后，他提出必须加强国防、建设现代化革命武装力量和发展现代化国防技术的重要指导思想。

③政策和策略的理论

毛泽东精辟论证了革命斗争中政策和策略问题的极端重要性，指出政策和策略是党的生命，是革命政党一切实际行动的出发点和归宿，必须根据政治形势、阶级关系和实际情况及其变化制定党的政策，把原则性和灵活性结合起来。在对敌斗争和统一战线等方面，毛泽东提出了许多重要的政策和策略思想。

④思想政治工作和文化工作的理论

毛泽东提出许多关于思想政治文化的重要思想，比如，关于思想政治工作是经济工作和其他一切工作的生命线，要实行政治和经济的统一、政治和技术的统一的方针；关于发展民族的、科学的、大众的文化，实行百花齐放、百家争鸣和古为今用、洋为中用、推陈出新的方针；关于知识分子在革命和建设中具有重要作用，知识分子要同工农相结合，通过学习马克思列宁主义、学习社会和工作实践，树立无产阶级世界观的思想等。这些思想至今仍有重要意义。

⑤党的建设理论

毛泽东建党学说解决了在无产阶级人数很少而战斗力很强、农民和其他小资产阶级占人口大多数的国家，建设一个具有广泛群众性的、马克思主义的无产阶级政党这个问题。毛泽东党的建设的重要思想，主要包括：从思想上建党；理论和实践相结合的作风；"惩前毖后、治病救人"的正确方针；创造了通过批评和自我批评进行马克思列宁主义思想教育的整风形式；要继续保持谦虚谨慎、戒骄戒躁、艰苦奋斗的作风，为马克思主义建党理论增添新内容，为党的建设指明正确的方向。

毛泽东思想体系还包括关于国际战略和外交工作的理论等内容，这些都是党的宝贵精神财富。

4. 实践课详案

（1）讲授："毛泽东思想活的灵魂"

地点：平津战役纪念馆大厅

毛泽东把辩证唯物主义和历史唯物主义运用于党的全部工作，形成具有中国共产党人特色的立场、观点和方法，丰富和发展了马克思列宁主义。1981 年，党的十一届六中全会通过的中国共产党中央委员会《关于建国以来党的若干历史问题的决议》指出：贯穿于毛泽东思想各个组成部分的立场、观点和方法，是毛泽东思想的活的灵魂，有三个基本方面：

①实事求是

实事求是，就是一切从实际出发，理论联系实际，坚持在实践中检验真理和发展真理。习近平在纪念毛泽东诞辰 120 周年座谈会上指出："实事求是，是马克思主义的根本观点，是中国共产党人认识世界、改造世界的根本要求，是我们党的基本思想方法、工作方法、领导方法。不论过去、现在和将来，我们都要坚持一切从实际出发，理论联系实际，在实践中检验真理和发展真理。"

坚持实事求是，就要深入实际了解事物的本来面貌，把握事物内在必然联系，按照客观规律办事；就要清醒认识和正确把握我国基本国情；就要不断推进实践基础上的理论创新。

②群众路线

群众路线，就是一切为了群众，一切依靠群众，从群众中来，到群众中去，把党的正确主张变为群众的自觉行动。群众路线是我们党的生命线、根本工作路线和重要传家宝。

群众路线本质上体现的是马克思主义关于人民群众是历史的创造者这一基本原理。

坚持群众路线，就要坚持人民是推动历史发展的根本力量；就要坚持全心全意为人民服务的根本宗旨；就要保持党同人民群众的血肉联系。

③独立自主

独立自主，就是坚持独立思考，走自己的路，就是坚定不移地维护民族独立、捍卫国家主权，把立足点放在依靠自己力量的基础上，同时积极争取外援，开展国际经济文化交流，学习外国一切对我们有益的先进事物。

坚持独立自主，就要坚持中国的事情必须由中国人民自己处理；就要坚持独立自主的和平外交政策，坚定不移走和平发展道路。

（2）聆听管内人员的讲解——引导学生思考

①参观"序厅""战役决策厅"，聆听管内人员的讲解后，主讲教师教学，引导联想思考："毛泽东的英明决策对中国现在发展的影响"，联想到毛泽东决策"抗美援朝"，毛泽东决策"炮轰金门"，毛泽东设计"乒乓球外交"，毛泽东说"核潜艇一万年也要搞出来"等。

②聆听讲解员讲解"战役实施厅""人民支前厅"后，任课教师组织学生讨论，与馆内人员交流，并引导学生认真阅读毛泽东著作——《中国社会各阶级的分析》《矛盾论》《实践论》《论持久战》《论十大关系》《关于正确处理人民内部矛盾的问题》等。

③参观考察"伟大胜利厅""英烈业绩厅"，聆听讲解之后，教师教学引导学生认识到"毛泽东思想对世界的影响"。如新千年来临时，美国《时代》所编的《人类一千年》书中，在影响人类上个千年的一百个人物中，对毛泽东的评价的最后一句话是"他将对世界的未来产生极其深远的影响"。

④教师组织讨论，与馆内人员交流，学生代表发言，教师总结。

（3）讲授：毛泽东思想的历史地位

地点：平津战役纪念馆广场

①马克思主义中国化的第一个重大理论成果

毛泽东是马克思主义中国化的伟大开拓者，是毛泽东思想的主要创立者。在中国共产党历史上，毛泽东第一个明确提出了"马克思主义中国化"的科学命题和重大任务，深刻论证了马克思主义中国化的必要性和极端重要性，系统阐述了马克思主义中国化的科学内涵和实现马克思主义中国化的正确途径，开辟了马克思主义在中国发展的宽广道路，为党领导的革命和建设事业的发展奠定了坚实的思想理论基础。毛泽东思想是马克思主义中国化第一次历史性飞跃的理论成果，毛泽东思想在新民主主义革命、社会主义革命和建设、革命军队建设、军事战略和国防建设、政策和策略、思想政治工作和文化工作、外交工作和党的建设等方面，以独创性的理论丰富和发展了马克思列宁主义。贯穿于毛泽东思想科学体系中的立场、观点和方法是最能体现毛泽东思想理论本质特点的思想内容。实事求是、群众路线、独立自主是毛泽东把辩证唯物主义和历史唯物主义运用到中国革命和建设实践中所形成的具有中国共产党人鲜明特色的立场、观点、方法，是我们党进行革命、建设和改革的出发点、根本点和立足点。

毛泽东思想为中国特色社会主义理论体系的形成奠定了理论基础，为开创和发展中国特色社会主义作了重要的理论准备。

毛泽东思想的独特理论风格给新时期党的理论创新、进一步推进马克思主义大众化以重要启迪。

毛泽东思想指导着我们党不断推进马克思主义中国化，不断开辟马克思主义中国化新境界。

②中国革命和建设的科学指南

毛泽东思想是被实践证明了的关于中国革命和建设的正确的理论原

则和经验总结。

毛泽东思想关于社会主义建设的基本思想观点，仍具有重要的现实指导作用。关于正确认识和处理社会主义社会基本矛盾、两类不同性质的矛盾尤其是人民内部矛盾的思想，关于调动一切积极因素为社会主义事业服务的思想，关于走中国工业化道路的思想，关于完善社会主义政治制度、扩大社会主义民主等思想，关于实行百花齐放、百家争鸣的思想，关于从思想上建党、加强执政党建设等思想，对于建设和发展中国特色社会主义仍然具有十分重要的指导意义。

③中国共产党和中国人民宝贵的精神财富

毛泽东思想形成和发展的历史条件，与我们今天面临的形势和任务有很大的不同，但这丝毫没有减弱和降低毛泽东思想的科学价值。毛泽东思想基本原理、原则和科学方法具有普遍的指导意义。毛泽东思想依然是中国人民不断奋进的强大精神动力，将长期激励和指导我们前进。

④组织学生讨论如何科学评价毛泽东及毛泽东思想

怎样科学评价毛泽东和毛泽东思想，关系到怎样看待党和国家奋斗与前进的历史，关系到党的团结、国家的安定，也关系到党和国家的发展前途，具有重要的历史和现实意义。

毛泽东一生为党和人民的事业作出了杰出贡献。《关于建国以来党的若干历史问题的决议》对毛泽东和毛泽东思想的历史地位作出了科学的、实事求是的评价，对于统一全党的认识起到重要作用。

《关于建国以来党的若干历史问题的决议》指出，"毛泽东同志是伟大的马克思主义者，是伟大的无产阶级革命家、战略家和理论家"，"他为我们党和中国人民解放军的创立和发展，为中国各族人民解放事业的胜利，为中华人民共和国的缔造和我国社会主义事业的发展，建立了永远不可磨灭的功勋。他为世界被压迫民族的解放和人类进步事业作出了重大的贡献"，"就他的一生来看，他对中国革命的功绩远远大于他的过失。他的功绩是第一位的，错误是第二位的"，"毛泽东思想是马克思列宁主义在中国的运用和发展，是被实践证明了的关于中国革命的正确的理论原则和经验总结，是中国共产党集体智慧的结晶"。将毛泽东思想同毛泽东同志晚年所犯的错误区别开来是十分必要的，这种方式为完整准确理解毛泽东思想、坚持和发展毛泽东思想指明了方向。

我们应该珍视在中国革命和建设过程中形成的理论成果，并在新的实践中运用和发展。

布置课后作业：以"平津战役纪念馆"实践过程为切入点，从以下几个角度做调研，自拟题目，写调研报告、制作电子课件、拍摄视频或微电影。

（1）毛泽东的英明决策：选择平津战役的方针和部署等诸多重大历史事实的追溯，调研毛泽东当年的决策过程，谈谈其对新民主主义革命决定性胜利的影响。

（2）毛泽东思想对世界的影响：选择在实践过程中了解一个事例做调研，回答"为什么毛泽东思想能影响整个世界"。

（3）读原著《毛泽东选集》：在实践过程中能感悟到，《中国社会各阶级的分析》《论持久战》《论十大关系》等著作，为新民主主义革命的胜利、社会主义建设等提供了重要指导。今天重读这些论著有什么感悟？如何运用它们分析和解决你所关心的中国实际问题？

中共天津历史纪念馆实践创新课教案

1. 实践基地介绍

中共天津历史纪念馆是在原中共天津建党纪念馆的基础上迁移扩建而成的，2001 年 7 月 1 日正式开馆，是地方党史展览馆，同时也是天津市爱国主义教育基地。天津建党纪念馆原坐落在本市和平区滨江道普爱里 21 号，是 1924 年 7 月中国共产党在天津的第一个领导机关——中共天津地方执行委员会的诞生地。现馆址在天津市和平区山西路 98 号。纪念馆占地面积 937 平方米，建筑面积 1800 平方米，共设五个展室和一个声像厅。该馆展出 1919—2001 年中共天津党的历史，包括不同时期共产党人的革命史、斗争史和建设史。馆藏 450 多幅珍贵的历史照片、图表和大量的历史文物，以及真实的影像资料。陈列品内容丰富，层次分明，客观生动地展示了五四运动以来的一百多年间，中国共产党领导天津人民进行革命、建设和改革的奋斗历程及取得的辉煌业绩。同时，也浓墨重彩地展示了李大钊、刘少奇、周恩来、张太雷、彭真、姚依林、于方舟、江浩等老一辈无产阶级革命家在天津从事革命活动的有关情况和建树的丰功伟绩，感人至深、催人奋进。纪念馆通过照片、影像资料等，生动地展现了五四运动以后在中国共产党领导下，天津地方党组织以及广大党员和人民群众，前仆后继、英勇奋斗，在新民主主义革命、社会主义建设和改革开放的进程中创造的辉煌的业绩，谱写的一篇篇壮丽的篇章。

2. 原理简介

《毛泽东思想和中国特色社会主义理论体系概论》2018 年版第五章中改革开放理论：新时期最鲜明的特点是改革开放。邓小平明确指出："一个党，一个国家，一个民族，如果一切从本本出发，思想僵化，迷信盛行，那它就不能前进，它的生机就停止了，就要亡党亡国。""改革是中国的第二次革命"。改革是社会主义社会发展的直接动力，是一项崭新的事业，是一个大实验。

改革开放理论：

（1）改革是决定中国命运的关键抉择

邓小平强调改革也是一场革命，也是解放和发展生产力，是中国现代化的必由之路。

（2）改革是社会主义制度的自我完善和发展

改革是社会主义社会发展的直接动力。从解放生产力、扫除发展生产力的障碍这个意义上说，改革开放是党在新的时代条件下带领人民进行的新的伟大革命，是社会主义制度的自我完善和发展。

（3）对外开放是一项基本国策

一是对中国发展历史经验教训深刻总结的结果，二是顺应经济全球化大势和科技发展机遇的客观要求，三是为了借鉴和吸收人类文明的一切优秀成果。

3. 实践课内容

（1）学生、教师集体乘车自学校至中共天津历史纪念馆。上车后，由主讲教师先简要介绍中共天津历史纪念馆的沿革；再介绍天津工业大学的概况，最后教师讲解五四运动后天津党组织的基本斗争情况和工作成就。（20分钟）

（2）参观中共天津历史纪念馆复原展和辅助陈列展，听讲解员讲解天津地方党组织活动工作的情况。（20分钟）

（3）在改革开放厅，讲解员讲解完毕后，教师带领全体学生一起回顾邓小平在1978年12月中国共产党第十一届三中全会上的讲话，"一个党，一个国家，一个民族，如果一切从本本出发，思想僵化，迷信盛行，

那它就不能前进，它的生机就停止了，就要亡党亡国"，感受邓小平"改革是中国的第二次革命"的精神。（10分钟）

（4）教师带领同学们重温天津市在改革开放中的历史后，带领大家讨论并总结。（20分钟）

4. 实践课详案

各位同学，大家早上好！今天我们早早出门，集体行动，是要上一节毛泽东思想和中国特色社会主义理论体系概论的社会实践课。我们毛泽东思想和中国特色社会主义理论体系概论这门课呢，其实是与我们社会现实紧密联系的一门课，记载了马克思主义中国化的历程，并随着中国特色社会主义实践的发展不断完善和发展。为了加深同学们对于这门课的理解，深刻领会理论与实践的相互作用，我们将课堂理论学习与社会实践紧密结合起来，走出课堂，走入社会。这也是贯彻落实习近平新时代中国特色社会主义思想、教育部关于高校思想政治理论课发展的新规定，以及天津市委市政府关于促进天津市高校思想政治工作发展的新要求。2018年3月起，天津市经过遴选，选择了5所高校进行实践创新课的试点，分别对应了思政课的5门课程，每所高校的每门课程投入经费90万元，进行试点建设。我们天津工业大学就是"毛泽东思想和中国特色社会主义理论体系概论"这门实践课的试点学校。经过半年多的筛选、考察及调研，我们与"概论课"教材内容相对应确定了18个实践课基地，我们今天要去的就是其中之一——中共天津历史纪念馆。

（1）中共天津历史纪念馆是在原中共天津建党纪念馆的基础上扩建而成的，坐落在和平区山西路98号，是天津市唯一的地方党史展馆，同时也是天津市一处重要的爱国主义教育基地。

1961年，中共天津建党纪念馆建立，坐落在长春道普爱里21号，为中共天津地委成立旧址。

1966 年，"文化大革命"开始后，被迫停办，展品、资料大部分散失，馆舍被占用。

1991 年 7 月 1 日恢复，1994 年被市政府命名为天津市爱国主义教育基地。

1998 年 5 月闭馆，停止对外开放。

2001 年 1 月，该馆迁至山西路 98 号，更名为中共天津历史纪念馆。该馆占地面积 937 平方米，建筑面积 1800 平方米。6 月 26 日正式开馆。区政府将其确定为社区教育基地。

（2）参观中共天津历史纪念馆复原展和辅助陈列展，听讲解员讲解天津地方党组织活动工作的情况。

纪念馆展厅共分四部分：

第一部分为革命风云——天津地方党团组织的创建发展及其革命活动；

第二部分为艰苦创业——社会主义事业在探索中前进；

第三部分为改革开放——努力开创社会主义现代化建设的新局面；

第四部分为观影——珍贵的党史资料。

【重点】由中共天津历史纪念馆讲解员为大家详细讲解。

（3）在改革开放厅，讲解员讲解完毕后，教师带领全体学生一起回顾邓小平在 1978 年 12 月中国共产党第十一届三中全会上的讲话，"一个党，一个国家，一个民族，如果一切从本本出发，思想僵化，迷信盛行，那它就不能前进，它的生机就停止了，就要亡党亡国"，感受邓小平"改革是中国的第二次革命"的精神。

邓小平理论既继承和发展马克思主义、毛泽东思想，又立足于总结我国的历史经验，并借鉴其他社会主义国家历史经验，特别是我国改革开放和现代化建设的伟大实践，科学的理论渊源、丰硕的实践成果，使之成为中国特色社会主义的理论基础，成为中华民族走向伟大复兴的思想指南。

邓小平两度成为世界新闻人物。

1979年1月1日出版的《时代》周刊将邓小平评为1978年"年度风云人物"。

1986年初，美国《时代》周刊将邓小平评为1985年度的世界新闻人物。如果说他当选为1978年度的新闻人物是因为他特殊的政治经历和"推动中国现代化的非凡壮举"，那么第二次当选，则是因为他推行的改革是"对十亿中国人的生产力的一次解放"，并且"给中国带来了如此巨大的变革"。

在这次评选之前，《时代》周刊组织了以高级编辑亨利·穆勒为首的33人新闻旅行团。在对中国进行了为期5天的考察和采访，并同邓小平本人进行了一个多小时的谈话后，该团成员们都承认中国的变化之大，远远超出他们的预料。这一期《时代》周刊出版者序言中有一个小标题，就是"邓小平领导意义深远、大胆而担风险的第二次革命"。在封面设计上，艺术家罗伯特·卢森堡别出心裁地创作了一幅有邓小平肖像的艺术拼贴画，画面左上方有一把剪刀在剪开红绸子，这表示中国正向一个新时期迈进。卢森堡1982年到过中国，再次访华后他深有体会地说："今天出现的新的精神面貌和新的奇迹，是三年前不曾有的，这确实是一个伟大的开端。"（摘自高屹：《历史选择了邓小平》，武汉出版社1999年版，第295—296页。）

1978年11月，邓小平语重心长地说："如果现在再不实行改革，我们的现代化事业和社会主义事业就会被葬送。"

"我是主张改革的，不改革就没有出路，旧的那一套经过几十年的实践证明是不成功的。"

"坚持改革开放是决定中国命运的一招。"

改革是中国的第二次革命，这是邓小平于1985年3月28日在会见日本自由民主党副总裁二阶堂进时提出的论断，他阐述道："现在我们正在做的改革这件事是够大胆的。但是，如果我们不这样做，前进就困难了。改革是中国的第二次革命。这是一件很重要的必须做的事，尽管是有风险的事。"第一次革命（新民主主义）建立了社会主义制度，第二次革命（社会主义改革）使社会主义制度更加巩固。这是对改革的历史地位的确定。

1986年8月21日，82岁高龄的邓小平来天津经济技术开发区视察时，开发区还是一片盐碱荒滩，刚刚修了一条路，只有两三栋工厂。看着热火朝天的建设场面，邓小平说，"你们在港口和市区之间有这么多荒地，这是个很大的优势，我看你们潜力很大。可以胆子大点，发展快点"，"对外开放还是要放，不放就不活，不存在收的问题"。结束对开发区的视察后，邓小平说："天津开发区很好嘛，已经创出了牌子，投资环境有所改善，外国人到这里投资就比较放心了。"那时，很多人对开发区存有疑虑，开发区能不能成功？开发区的路怎么走？但是，邓小平以他高瞻远瞩的气魄，以对世界经济的了解，对中国经济的了解，题词："开发区大有希望"。天津开发区十几年的发展实践证明，邓小平的题词是非常具有预见性的，也是非常英明的。不仅仅是天津开发区，全国的开发区，或者是主要的开发区，都在当地起到了经济增长点、亮点的作用。

实践证明，开发区确实大有希望，开发区的事业确实是大有希望的事业。开发区事业是在邓小平理论指引下的伟大创举，既借鉴外国的经验，又不生搬硬套；既敢想敢干，又因地制宜，走出了一条有中国特色的开发区发展道路。沿着这条道路，我国开发区从无到有，从弱到强，调整优化，迅速发展，形成了布局合理、功能各异、各具特点的各类开发区系列，推进了工业化发展，加速了城市化进程，在我国经济社会发展中发挥着重要作用。

（4）带领同学们重温天津市在改革开放中的历史后，教师带领大家讨论并总结：

第一，改革是决定中国命运的关键抉择。

邓小平强调改革也是一场革命，也是解放和发展生产力，是中国现代化的必由之路。

第二，改革是社会主义制度的自我完善和发展。

改革是社会主义社会发展的直接动力。从解放生产力、扫除发展生产力的障碍这个意义上说，改革开放是党在新的时代条件下带领人民进行的新的伟大革命，是社会主义制度的自我完善和发展。

第三，对外开放是一项基本国策。

一是对中国发展历史经验教训深刻总结的结果，二是顺应经济全球化大势和科技发展机遇的客观要求，三是为了借鉴和吸收人类文明的一切优秀成果。

邓小平理论第一次比较系统地初步回答了在中国这样的经济文化比较落后的国家如何建设社会主义、如何巩固和发展社会主义的一系列基本问题，是中国特色社会主义理论体系的开创之作。

（5）课程总结。教师回答在来的路上预布置的问题；学生代表谈此次实践的感想。

布置课后作业：在参观中共天津历史纪念馆的基础上，进一步搜集资料，以小组为单位，以"改革开放中的天津工业/农业/滨海新区"为主题，以论文、微视频等形式完成一份作业。论文不少于2000字，微视频不少于5分钟。

蓟州区毛家峪实践创新课教案

1. 实践基地简介

毛家峪村位于天津市蓟州区城东 16 公里处的穿芳峪镇境内。村庄四面环山，自然风光秀丽，民风淳朴。全村总面积 7777 亩，现有 72 户 256 口人。2002 年以来，毛家峪村发挥资源优势，以"长寿"为主题，大力发展旅游度假产业，先后荣获全国文明村、全国休闲农业示范点、全国民主法治示范建设村、全国农业示范旅游示范点、中国美丽乡村百佳等荣誉称号。2017 年，毛家峪村成为天津市三个进入全国农村幸福社区建设示范单位村（农村社区）级示范单位之一。毛家峪村始终坚持以"五大发展理念"为指导，以人民幸福为旨归，在社区管理、完善服务、提高社区精神文明建设等方面努力提升，建设了 1000 多平方米的室外活动场所，配备了警务室、微型消防站、综合性文化服务中心等完善的服务设施。此外，毛家峪社区居民关系和谐，文化体育活动丰富多彩，成为人们和谐有序、绿色文明、创新包容、共建共享的幸福家园。

2. 原理简介

《毛泽东思想和中国特色社会主义理论体系概论》2018 年版第六章——"三个代表"重要思想。我们党历经革命、建设和改革，已经从领导人民为夺取全国政权而奋斗的党，成为领导人民掌握全国政权并长期执政的党；已经从受到外部封锁和实行计划经济条件下领导国家建设的党，成为对外开放和发展社会主义市场经济条件下领导国家建设的党。"三个代表"重要思想反映了当代世界和中国的发展变化对党和国家工作的新要求，是加强和改进党的建设、推进我国社会主义自我完善和发展的强大理论武器，进一步回答了什么是社会主义、怎样建设社会主义的问题，创造性地回答了建设什么样的党、怎样建设党的问题，集中起来就是深化了对中国特色社会主义的认识。本实践基地主要是对应"中国共产党始终代表中国先进生产力的发展要求，代表中国先进文化的前进方向，代表中国最广大人民的根本利益"这一"三个代表"的核心观点。始终代表中国先进生产力的发展要求，大力促进先进生产力的发展，是我们党站在时代前列，保持先进性的根本体现和根本要求。始终代表中国先进文化的前进方向，建设社会主义精神文明，是社会主义的内在要求。而不断实现好维护好发展好最广大人民的根本利益，则是我们全部工作的出发点和落脚点。该实践基地的参观学习，让学生亲身感受到"三个代表"重要思想对于中国特色社会主义发展的重大意义。

3. 实践课内容

（1）上午 8 时，学生、教师乘车自学校至蓟州区毛家峪村。上车后，由主讲教师先简要介绍实践路线安排，由于路途较远，提醒同学们需要注意的安全问题，最后介绍蓟州区毛家峪村的概况。（15 分钟）

（2）车至蓟州区毛家峪村村委会后，全体人员进入一楼大厅，浏览毛家峪村相关介绍，由主讲教师对毛家峪村近年来的发展及全国劳模、穿芳峪镇副镇长、毛家峪村党支部书记李锁进行简单介绍。（10 分钟）

（3）全体师生进入会议室，集体观看纪录片《锁定青山金石开——毛家峪长寿村传奇》。（20 分钟）

（4）请李锁书记为马院师生作专题讲座。李锁书记主要结合自身经历，回顾毛家峪村的发展历史。他指出，毛家峪村能有今天的成就，都是在党的坚强领导下，全体村民同心协力、改革创新、共同奋斗的结果。在此基础上，他对在场学生提出了四点期望：坚定跟党走、设定自身发展目标、制定详细的执行计划、坚持到底。之后进入互动环节，学生结合自己学习感悟，向李锁书记进一步请教学习。（25 分钟）

（5）由李锁书记带领师生参观村委会及村文化广场。（15分钟）

（6）主讲教师结合宣传片、李锁书记讲话及村委会参观，讲解毛家峪村的发展离不开党支部的坚强领导，离不开李锁书记的奉献与牺牲，由此，引申出基层党组织坚决贯彻落实"三个代表"重要思想对于毛家峪村发展的重要指导意义，进而指出"三个代表"重要思想对于中国特色社会主义现代化建设的重要意义。（30分钟）

（7）由毛家峪村村委会工作人员带领师生参观毛家峪村农家乐发展模式。

（8）学生分组，对毛家峪村农户进行调研访问，深入了解毛家峪村发展的历程及农民的发展感受。

（9）课程总结。教师回答在来的路上预布置的问题；学生代表谈此次实践的感想；布置实践作业。（15分钟）

（10）全体人员乘车返回学校。车上由主讲教师介绍天津工业大学"概论课"的实践基地情况，并分发相应资料。（20分钟）

4. 实践课详案

（线路：车从天津工业大学出发）

各位同学，大家早上好！今天我们早早出门，集体行动，是要上一节毛泽东思想和中国特色社会主义理论体系概论的社会实践课。我们毛泽东思想和中国特色社会主义理论体系概论这门课呢，其实是与我们社会现实紧密联系的一门课，记载了马克思主义中国化的历程，并随着中国特色社会主义实践的发展不断完善和发展。为了加深同学们对于这门课的理解，深刻领会理论与实践的相互作用，我们将课堂理论学习与社会实践紧密结合起来，走出课堂，走入社会。这也是贯彻落实习近平新时代中国特色社会主义思想、教育部关于高校思想政治理论课发展的新规定，以及天津市委市政府关于促进天津市高校思想政治工作发展的新要求。2018年3

月起，天津市经过遴选，选择了 5 所高校进行实践创新课的试点，分别对应了思政课的 5 门课程，每所高校的每门课程投入经费 90 万元，进行试点建设。我们天津工业大学就是毛泽东思想和中国特色社会主义理论体系概论这门实践课的试点学校。经过半年多的筛选、考察及调研我们与"概论课"教材内容相对应确定了 18 个实践课基地，我们今天要去的就是其中之一——蓟州区毛家峪村，这是我们最远的一个实践教学基地，也是非常具有特色的一个基地，我们把它和我们教材中的第六章——"三个代表"重要思想内容相对应。

毛家峪村位于天津市蓟州区境内。我们先来了解一下蓟州区，蓟州区隶属天津市，位于天津市最北部，地处京、津、唐、承四市之腹心。总面积 1590 平方公里，截至 2021 年 10 月，蓟州区下辖 1 个街道、25 个镇、1 个乡。蓟州区古称渔阳，春秋时期称为无终子国，战国时称无终邑，秦代属右北平郡，唐朝设蓟州。新中国成立后，属河北省下辖县；1973 年 9 月，划归天津市，相沿至今；2016 年 7 月 28 日，市委、市政府决定，撤销蓟县，设立蓟州区。2018 年 10 月 22 日，蓟州区入选 2018 年全国农村一二三产业融合发展先导区创建名单。蓟州区是天津市唯一的半山区，也是天津市的"后花园"，被列为全国生态示范区、全国首家绿色食品示范区、第一批国家新型城镇化综合试点地区。截至 2014 年，区内有国家重点文物保护单位 1 处，市级重点文物保护单位 5 处，区级重点文物保护单位 37 处，文物保护点 268 处，革命战争遗址和纪念地 160 多处。夏商遗存、西周遗址、汉墓群、唐、宋、元、辽墓葬、清王爷陵和太子陵等古遗迹遍布全区。

我们要去的实践基地是蓟州区的毛家峪村。毛家峪村坐落在天津市蓟州区城东 16 公里处的穿芳峪镇，北拱皇家园林九龙山国家森林公园，南邻碧波万顷的翠屏湖，东通清东陵，西达娘娘顶和黄崖关古长城。毛家峪村山环水绕、奇石怪岩、风光秀美；周围群山环抱，安宁清静；拥有亿年石、万亩林、千亩果、百年树、长寿人、仿古亭等奇特景观；村内民风好、庄风正、班子强、人气旺；现已开辟成华北地区一家以长寿为主题的长寿度假村。

一会儿呢，我们先到毛家峪村村委会，听李书记讲述毛家峪村的发展历程。提起毛家峪村，我们需要先认识李锁书记。李锁书记是天津市蓟州区穿芳峪镇毛家峪村党支部书记、村委会主任，也是全国劳动模范、全国十大旅游风采人物、天津市劳动模范。2002 年，李锁开始担任村党支部书记，带领群众白手起家，把昔日的贫困山村打造成享有盛名的"北方旅游第一村"。具体的发展历程，一会儿我们会通过视频和李书记的讲述有详细的了解，李锁书记性格爽朗、热心健谈，希望同学们今天能有一次愉快而充实的社会实践体验。

我们的车已经到达毛家峪村村委会了，现在请大家下车，开始我们今天的实践课。大家先环顾一下四周，映入我们眼帘的是毛家峪村村委会，周围则是错落有致、各有风格的农家乐，再眺望远方，是连绵不断的大山。刚才大家应该已经注意到，进入蓟州区境内以后，山绵延不绝。其实毛家峪是一个坐落在山沟沟里的小村庄，但是靠发展乡村旅游成为农村致富的"领头雁"。那么，在上课之前老师要先给同学们留三个思考题，请同学们在上课过程中要留意并思考，到课程结束的时候我们要进行讨论并总结。第一个问题：毛家峪作为一个小山村，是靠什么摆脱贫困走向富裕的？第二个问题：基层党组织在毛家峪村的发展过程中都发挥了哪些作用？第三个问题：今天带给你触动最深的是什么？

首先，我们大家一起进入村委会的会议室，收看一段 20 分钟的视频——《锁定青山金石开——毛家峪长寿村传奇》，先初步认识毛家峪村。这部视频以纪录片的形式介绍了毛家峪村的发展历程、发展成绩以及未来展望，我的问题也在里边，大家要注意看。

（学生和李书记进一步互动）从我国供给侧结构性改革，谈到社会主义新农村建设；从党的方针政策，谈到党的十九大报告的精神实质；从中国的改革开放解放思想，谈到中外专家对毛家峪村发展的技术指导；从新时代的经济发展，谈到党中央的反腐，再谈到文化发展未来等。毛家峪村李锁书记感言："农民要想致富，必须坚持共产党的领导，毛家峪村之所以有今天，源于党的好政策。"

各位同学，看完刚才的视频，听完李书记的讲述，同学们一定深有触动。其实，毛家峪村也只是中国千千万万个小山村中的一个，虽然自然环境优越，却受交通、先天条件等困扰。中国当前进行大规模的脱贫攻坚，很多贫困地区并非穷山恶水，但守着绿水青山过穷日子。习近平总书记指出："做好扶贫开发工作，支持困难群众脱贫致富，帮助他们排忧解难，使发展成果更多更公平惠及人民，是我们党坚持全心全意为人民服务根本宗旨的重要体现，也是党和政府的重大职责。"实践证明，凡是基层党建工作抓得好的村，绝大多数是富裕村；凡是贫困村，党建工作都相对薄弱，农村基层党组织是脱贫攻坚战的主力军、先锋队。

我们党是一个有着严密组织体系的有机整体。在这个组织体系中，分为三个层次，即党的中央组织、党的各级地方组织和党的基层组织。如果把我们的党比喻为一座高楼大厦的话，那么，基层党组织就是这座高楼大厦的地基，地基不牢固，整座高楼大厦就会坍塌。因此，基层党组织自身建设的好坏直接决定着党在人民群众心目中的形象的好坏，基层党组织的重要性在党建工作中显得尤为重要。

2001 年以来，毛家峪村始终按照"党建为引领，长寿为主题，科技为支撑，院校为依托，旅游为支柱，组织为保障，共同富裕为目标"的发展总体思路，坚持"绿水青山就是金山银山"的理念，支部带领、党员带头、集中民智、汇聚民力，大力发展乡村旅游休闲度假产业，逐步发展为远近闻名的旅游专业村。毛家峪村先后被评为全国创先争优先进基层党组织、天津市先进基层组织、天津市五好红旗党支部、市级优秀组织、天津市优秀党支部，全国宜居村庄、全国休闲农业与乡村旅游示范点等。

"支部强不强，关键看头羊。"毛家峪村的发展，也离不开李锁书记的带领和付出。李书记1986年回到毛家峪村，先是自己借钱办企业致富，同时心系家乡人，一心为家乡发展谋出路。一次偶然的机会，他听说本县一个村发展村办旅游致富的消息，就多次登门拜访市县有关专家、学者，邀请他们到村考察、论证。最终，确定了以城市中老年人修身养性为重点的旅游发展方向，将村定名为"毛家峪长寿度假村"。刚开始缺资金，李锁带头，把家里的房产、有价证券、汽车拿出来担保，同时动员党员、民兵做表率。为了宣传毛家峪村，李锁多次驾着自己的车，到天津、北京等地旅行社宣传推销，还利用新闻媒体广泛宣传，并建立了"毛家峪长寿度假村"网站。为使乡村游走上可持续发展轨道，李锁每年都要组织村民代表到北京、河南等地参观学习，根据游客的需求，不断调整发展方向，不断加大投入，壮大旅游经济。同时，李锁书记始终不忘党风廉政建设。他对自己规定："不占集体一丝便宜，不乱花集体一分钱，不吃村民一顿饭，不收村民一份礼。"为推进村务公开和民主管理，在李锁书记提议下，村民委员会选举了10名村民代表，村里重大事项召集全体村民代表协商研究，李书记始终坚持以一名优秀共产党员的标准严格要求自己，始终践行为人民服务的宗旨。

接下来由李书记带领我们参观毛家峪村委的活动室、农家书屋、文化广场，进而走入农家乐，参观毛家峪村高标准的农家乐发展模式和毛家峪村文化。

最后一个环节，也是毛家峪村社会实践最为生动的一个环节，同学们按照之前的分组，每组同学至少进入一家农户进行调研访问，深入了解毛家峪村发展的历程及农民的发展感受。

小结：同学们，我们今天的实践教学即将结束，那我们一起来回顾一下课前老师布置的三个问题，有哪位同学愿意主动回答一下？（与学生互动）同学们，其实通过这节课，我们对中国农村的了解只是最基本的，因为中国国土面积大，各个地方农村由于文化、传统、地域的区别而千差万别，我们初步了解了毛家峪村，并不等于了解了中国农村。今天我们一起走出课堂，来到毛家峪村，走进中国新农村。从一个偏僻落后的小山村，到现在全国出名的度假旅游村，毛家峪村的每一步，都伴随着基层党组织的坚强领导。在党组织的领导下，在党组织的带领下，毛家峪村在改革开放中赢得了良好机遇与环境。

我们一起来解答今天的三个问题：

一是毛家峪村作为一个小山村，是靠什么摆脱贫困走向富裕的？刚才同学们的回答很好，对，是基层党组织的坚强领导。习近平总书记指出："党政军民学，东西南北中，党是领导一切的，是最高的政治领导力量。"党的领导是我们战胜一切困难和风险的"定海神针"，中国的发展需要依靠中国共产党的领导，中国的新农村建设需要中国共产党的领导，中国的乡村振兴战略更需要中国共产党的领导。正是在共产党领导下，毛家峪村团结一心，共同致富，才有了今天的发展。

二是基层党组织在毛家峪村的发展过程中都发挥了哪些作用？同学们，党的基层组织是党在社会基层组织中的战斗堡垒，是党的全部工作和战斗力的基础。在毛家峪村的发展过程中，基层党支部始终坚持立党为公、执政为民，发扬党的优良传统和作风，扎实做好联系服务群众工作，把广大群众紧紧凝聚到党组织周围。基层组织还充分发挥先锋模范作用，通过有效发挥党员的先锋模范作用来充分发挥基层党组织的带动作用，切实把广大基层党员干部的积极性、创造力凝聚到各项事业中来。在这一过程中，基层组织的带动提升作用也得到充分发挥，党员干部都身先士卒、主动作为，为老百姓作出了好的表率。

三是今天带给你触动最深的是什么？今天，我们离开课堂，来到毛家峪村上了一堂生动的社会实践课，同学们应该有很深的感悟，每个同学都把你们的感悟用一小段文字记录下来，发到我们的社会实践群里，我们在回去的路上一起交流学习。

布置课后作业：以"基层党组织始终践行'三个代表'重要思想对于中国乡村振兴的重要意义"为主题，写一篇2000字左右的实践基地的学习感受。

天津工业大学绿色校园实践创新课教案

1. 实践基地简介

天津工业大学是教育部与天津市共建、天津市重点建设的全日制普通高等学校。学校办学历史悠久，最早的学科始建于 1912 年，1958 年开始独立办学，原名为河北纺织工学院，1968 年更名为天津纺织工学院，2000 年更名为天津工业大学，2017 年、2022 年入选国家"双一流"世界一流学科建设高校，2018 年获批国防科工局与天津市共建高校，深度融入军民融合发展战略，是我国最早开展纺织高等教育的学府之一，现已发展成为一所以工为主，工、理、文、管、经、法、艺协调发展的多科性工业大学。

天津工业大学总占地面积约 195 万平方米，总建筑面积 86 万平方米。学校下设 5 个学部、25 个学院、1 个书院、2 家附属医院，现有在校本科生 20000 余人，全日制硕士生 5100 余人，博士生 500 余人，成人教育学历生 9000 余人，各类留学生近 2000 人（学历生 500 余人）。

2. 原理简介

《毛泽东思想和中国特色社会主义理论体系概论》2018 年版第十章第二节第一部分"科学发展观的科学内涵"以及第二部分中"推进生态文明建设的相关内容"。天津工业大学作为国家"双一流"世界一流学科建设高校，在生态文明、绿色校园建设的过程中，走在了天津乃至全国高校的前列。走进天津工业大学新校区，从道路到教室，从教室到水房，从水房到宿舍，绿色、节能、环保存在于校园的每一个角落。实际上，天津工业大学新校区在建设之初，就将节能、低碳、环保的设计原则贯穿始终，通过采用新技术，提高了资源利用率，实现了生态良性循环。

3. 实践课内容

（1）上午 10 时，学生、教师在上课教室集合，先回顾上节课所讲述的内容，然后说明本堂课的上课方式，另外了解同学们对天津工业大学在绿色校园建设方面的认知程度。

（2）带领学生们步行至天津工业大学东苑水房，讲解天津工业大学就变频水泵、调峰锅炉等技术的运用，让学生们了解这两项技术在绿色校园建设中的作用。

（3）带领学生参观天津工业大学第二公共教学楼和学校图书馆的建筑设计，向同学们说明天津工业大学新校区在校园建设时所秉持的生态文明建设理念。

（4）带领学生们来到励志广场的西南角，向同学们介绍天津工业大学各种先进的 LED 灯技术使用情况，详细地说明它在节能、环保、低碳等方面的优势。

（5）步行至学校泮湖边，以泮湖为例向同学们介绍天津工业大学在水生态系统方面的理念、措施以及天津工业大学在水资源利用方面的成效。

（6）带领学生们去往西苑望星运动场，向同学们介绍天津工业大学地热资源的利用情况，并结合同学们的日常生活详细地说明地热资源的利用对天津工业大学绿色校园建设的突出作用。

（7）步行至天津工业大学软件学院宿舍楼和食堂区域，向同学们介绍位于楼顶上的太阳能真空集热板状况，并通过一系列的数据信息向同学们说明学校这一技术的运用是如何体现绿色校园建设理念的。

（8）课程总结。通过今天参观，我们可以充分地认识到天津工业大学新校区在建设过程中，很好地坚持了低碳、循环、绿色等可持续发展的理念，很好地贯彻了科学发展观的要求，这对同学们日后树立低碳、绿色、循环发展的理念很有启示意义。

4. 实践课详案

（教室）开场白：同学们，我们现在开始上课。首先让我们一起回顾上节课所学习的内容。上节课的时候，我们学习了教材第七章科学发展观的相关内容，从它的创立条件、主要内容以及历史地位等几个方面对科学发展观进行了全面的认识和学习。贯彻落实科学发展观，要求坚持以人为本，做到全面协调可持续发展。今天，为了将理论与实践相结合，我们创新一下上课方式，一起到我们校园当中，去真切地感受一下，我们天津工业大学作为一流学科建设高校，是如何利用自己的科研优势，落实科学发展观，来建设我们的绿色、低碳、生态校园的。在具体感受之前，老师先调查一下，看看同学们对我们学校在贯彻科学发展观理念，坚持绿色、低碳、循环发展方面有哪些了解，接下来，有没有同学主动分享一下自己的认识？（AB 两位同学分别发言，介绍一下自己的了解和认识）。看来同学们对我们学校在生态文明建设方面还是比较了解和关注的，那么接下来我们就到校园当中具体来了解和认识我们学校是如何利用自己的科研优势，贯彻落实科学发展观，建设我们的绿色、低碳、生态校园的。

第一站变频水泵和调峰锅炉。我校作为全国高校节能先进单位，也是我市首家新能源"低碳校园"。我校新校区自 2005 年 3 月起建，秉持节能、节地、节水、节材和环保的四节一环保理念，并且将其贯彻于新校区建设的始终，通过使用我校自主研发的新技术新材料（均为我校科研人员自主研发的新技术新材料）提升新校区新能源建设科技含量，实现校园生态良性循环。

现在，我们位于天津工业大学新校区东苑水房。水房是同学们每天打水的地方，如果不注意节约，学校每天的耗水量将巨大，尤其对于天津这样一个缺水的城市，更是吃不消。变频器运用在水泵上，能够根据水池内水位的高低自动控制水箱的进出水情况。这个主要根据学生人数来自动调节进出水量，比如说，暑假、寒假或者其他节假日的时候，在校学生会剧减，如果还是按照平常的进出水量，那么势必会造成水资源包括燃气的大量浪费，提升成本。锅炉的调峰是一种智能的温度控制，通过调节加热棒的温度来控制锅炉水的温度，比如说，夏天比较热，调峰的锅炉就会降低燃气的用量；再比如，冬天比较冷，就会自动提高燃气的用量。总之，这种变频水泵和调峰锅炉结合的系统能够利用最冷季节和最热季节学校均放假的特点，削峰设计，用燃气锅炉进行调峰，随着学生人数和气候变化而改变，能够最大限度地节约用水，有效地降低运行成本，而且十分智能。

第二站图书馆、一公教、二公教。同学们，现在我们位于学校的励志广场上，前面是学校的图书馆，也是整个亚洲最长的图书馆，左右两边分别是学校的主教学楼一教和二教的教室。通过观察，我们可以发现它们的外侧墙面几乎全覆盖玻璃，这使它们能够最大限度地采光。尤其是 B 区二楼的几个阶梯教室和 A 区的四楼都有大面积的玻璃天窗，采光效果极好，白天几乎不用开日光灯，极大地节约了电能，而且非常有助于空气的流通。最大限度地进行自然采光和通风的建筑设计，凭借全方位的低碳环保设计充分利用新能源优势，为我们营造了明亮、宽敞、空气清新的学习环境，而且节约了电能，降低了学校运行成本。

第三站励志广场西南角 LED 灯。走进我校新校区，明亮的 LED 灯格外地吸引人。具有自主知识产权的 LED 半导体照明材料技术研制的灯具，不仅造型简洁美观，而且具有低能耗、低污染、寿命长等优点。如今在新校区，2800 亩的范围内安装了 400 余盏 LED 路灯、2000 余盏 LED 室内铜灯，并在湖区安装了 20 余盏太阳能 LED 平面灯、LED 庭院灯、LED 地埋灯及 LED 草坪灯，共有 8000 余盏 LED 节能灯在我校得到广泛的应用。

这是世界上规模最大的 LED 半导体规模示范工程，同时也是技术含量最高的，使我校成为全球四大 LED 大学之一。刚才我们说了规模最大，现在我们说说为什么技术含量最高，这 8000 余盏 LED 节能灯都是由我校半导体照明研制中心主任牛萍娟教授及其团队设计的。在这一研究领域，他们共申请了 60 余项国家专利。

现在大家可以看见旁边的这个铁箱，它是能源的储存箱，白天 LED 灯上面的太阳能集热板吸收后产生的能量将储存在这里，晚上就会来供应 LED 灯的照明。从效果上看，它们运行一年相比传统路灯要节约 130 万度电，相当于 500 个家庭一年的用电量，新校区一年可节省上百万元电费。牛萍娟教授说新的路灯比传统路灯节能 70% 左右，总供电效率达 85% 以上，而且寿命是传统路灯的 5 倍。她还算了一笔账：假设全球 30% 用户转向使用节能照明产品，粗略计算可以减少 2.6 亿吨二氧化碳排放量和 4600 亿千瓦时用电量。用 LED 路灯代替传统的路灯可以大大降低传统路灯产生的气体污染，提升校园空气质量，而且 LED 路灯是冷光源，不会像传统路灯那样产生高温，这就降低了热量损失，再就是 LED 节能灯不含普通路灯所含的汞、铅等有害物质。LED 灯在引发照明革命的同时，不仅提高了照明光效和照明均匀度，而且维护成本低、使用寿命长，也为节能减排、环境保护作出贡献。最为重要的是，在室内使用，LED 灯的频闪低可以保护同学们的视力。

另外，我们自主研制的 LED 灯还可以智能控制和自动感应，它能通过自身的红外感应和热感应判断周围的人流量，在无人环境下可智能调暗、间隔开灯，甚至关闭，晚间 12 点以后再降一半的亮度。在教室内也是人来灯亮，即使同学下自习忘记关灯，LED 灯也会悄悄地熄灭。更重要的是，根据天津工业大学的最新研究成果，利用 LED 灯的可见光进行无线传输，将 LED 路灯变成"路由器"，通过照明传输网络信号，手机等移动上网设备可在校内的路灯下体验"极速上网"。目前，天津工业大学还在研究更高级的 LED 灯，采用太阳能、风能互补的 LED 路灯已在校内使用，保证阴雨天明亮依旧，且不用花电费。

现在，我们天津工业大学正在将 LED 整体工程"打包"进行推广，已成功在本市滨海新区及全国多个城市的开发区、工业园区得到应用，对此，人民网等媒体曾做过专门报道。

第四站水生态系统。现在我们所处的位置是天津工业大学的中心位置。不像很多高校那样，学校的中心位置是办公楼、教学楼或者广场，天津工业大学的中心位置是一大片开阔的湖泊，它就是我们学校的标志性景观泮湖。同学们都知道我们学校共有两个大的水生态系统，一个是泮湖，一个是镜湖，我们现在以泮湖为例进行介绍。我们学校以泮湖为中心，围绕着泮湖的内层是教学区域，外层是学生生活区域。楼宇、水景、绿荫可以说是一步一景。置身湖中，你可能闻不到湖的科技味，但是一湖清水运用了"就地滞洪蓄水与景观水体绿色能源生态保持""集成运用雨水调蓄与处理""人工湿地与生态洼地景观水体生态自净"等多种先进技术。如今，校内湖泊已经发挥了雨水调蓄、美化校园环境、改善局域小气候的作用。我国是严重缺水的国家，华北地区缺水现象非常严重，而天津市这一问题更为突出。城市水资源的粗放式管理又使得我们面临的缺水现实雪上加霜。天津工业大学环境科学与工程学院张宏伟教授及其科研团队从新的视角来思考解决我国城市水资源利用效率低下的问题，在国内首次提出"绿色用水"概念，给出了适合我国国情的"分质供水、按质使用"的绿色用水策略，对此《光明日报》曾专门进行过报道。

除此之外，在用水理念上，张宏伟教授在国内首次提出了"绿色用水"的理念。为了打造"绿色用水"的样板，他首先在天津工业大学构建了校园分质供水系统、雨水资源化系统和多水源智能化管理系统。在学校办公楼的地下，有一个 160 平方米的小型集中式水加工车间。自来水在这里进行过滤、净化、磁化，变成口感更好、更有益人体健康的直饮水，并通过管网输送到图书馆、办公楼里的各个房间。

在水科技实践上，我校也是应用了很多新科技新材料。比如说，我们教室或者办公楼里的直饮水系统。直饮水系统充分利用了我校中空纤维膜分离技术的学科优势，用反渗透膜制备出洁净、安全的直饮水，饮用这种水既有利于身体健康，又减少了污染排放。2013 年 1 月 18 日，在国家科技奖颁奖大会上，张宏伟教授主持完成的"高性能聚偏氟乙烯中空纤维膜制备及在污水资源化应用中的关键技术"（净水）项目获得国家技术发明奖二等奖，该项目主使我国在水处理领域走在了世界前列。通过绿色用水行动，我校再生水利用节水 36 万立方米，雨水利用节水 14 万立方米，占全校年总用水量的 20%；年节约水费、电费 198 万元，同时还减少了管理程序，降低了管理成本。我校的节水用水经验已经走向全国。我们学校的水资源综合利用示范工程得到天津市委的高度评价，我校对绿色用水的理论与实践探索为《天津市城市供水用水条例》修订和《天津市水资源综合利用》立法提供了方向性依据，为今后解决多水源综合利用与保护以及绿色供水提出了基本路径。

天津膜天膜公司应用该技术成果建成了国内最早 300 万平方米/年高性能 PVDF 中空纤维膜产业化生产线，公司于 2009 年被国家发改委确立为"国家高产业技术化示范工程"基地。该研究成果具有自主知识产权，整体技术达到国际先进水平，主持制定国家标准 1 项，获得授权发明专利 18 项，发表论文 85 篇，其中 SCI、EI 收录 43 篇。该研究成果已广泛应用于鄂尔多斯、天津泰达新水源、空港物流加工区、梅花味精集团等12 个日处理量达万吨级以上国家、省部级示范工程，年生产再生水 2.3 亿吨，年节约用水成本达 4 亿元以上。该研究成果全面提升了我国膜制备及污水回用技术水平，促进了行业的技术进步和产业结构优化，为水资源的循环利用提供了新的有效途径，取得了重大经济和社会效益。

针对学校校园内多种水源并存、需水水质存在梯级变化空间的特点，以"循序利用按需处理零排放"为总体方针，天津工业大学已经建成了包括自来水系统、废污水处理及再循环系统、景观水体系统、雨水利用系统和庞大的配套管网系统在内的系统工程，并取得了良好的环境效益、经济效益和社会效益。据统计，2012 年天津工业大学全年能耗、水耗比 2011 年末降低 10.5%，先后荣获"全国高校节能工作先进单位"、"全国高校节能管理先进单位"、全国"温泉（地热）开发利用示范单位"等荣誉称号。

第五站地热资源利用（望星运动场）。说起对地热资源的运用，同学们首先想到的是温泉。在 2011 年年初，国土资源部公布了首批"中国温泉之乡（城、都）"和"地热能开发利用示范单位"。天津市凭借得天独厚的浅层地热能资源，与重庆市、福州市同时获首批"中国温泉之都"称号。同时，天津工业大学入选全国"地热开发利用示范单位"，这也是此次评选唯一上榜的高校。

现在所在的位置是天津工业大学望星运动场，这里被称为下沉式体育场。我校充分利用天津市丰富的地热资源，于 2007 年和 2009 年分别成功钻探了一对地热深井，也就是我校总共有两对四口地热深井。钻探的地热井深达 2400 米，水温 63 摄氏度，出水量每小时 109 立方米，实现了开采一级利用、二级利用、回灌等梯级利用。由于实行了梯级利用采水取热用于地面供热，将采暖过后的水 100% 回灌地热层，不仅能节省供热资金，还做到了节能减排、水资源循环利用。该项目被联合国开发计划署列为重点跟踪项目。另外，我校还建立了土壤源热泵系统。在篮球场、网球场和排球场的下面，建有 588 口浅层土壤换热器井，通过它们，学校实现了埋地换热器地源热泵系统与土壤的冷热交换。在冬季供暖时，通过热泵系统把地表中的热量"取"出来，供给室内取暖，同时向地下蓄冷；在夏季使用空调时，将室内的热量"取"出来，释放到地表中，向地下储存热量，以备冬天供暖。地热一级换热提供的热量是学校供暖的基本热负荷，水温降低后还能进行回灌，实现地热梯级利用，该项目也被联合国开发计划署列为重点跟踪项目。同时，学校教学楼室内采用风机盘管系统，学生公寓末端为低温地板辐射采暖，把地热产生的热量合理分配，让室内温度更加均匀、舒适。总之，无论是四口地热深井，还是588口浅层土壤换热器井，它们都采用全封闭循环模式，用其热能作为供暖和生活热水所需能源，既解决了目前我校新校区A区19.73万平方米建筑的供暖，比常规能源节省成本65%，每年可节省供暖空调费用共计约800万元，为学校节省了大量资金，而且还实现了零排放、节能减排。

第六站真空管集热器系统（软件学院宿舍食堂区域）。我校还建成了太阳能利用系统。现在我们位于学校软件学院宿舍区，抬头可以看到在学生宿舍屋顶安装了1500平方米的玻璃真空管集热器装置，真空管集热器系统是一种由若干支全玻璃真空太阳能集热管按照一定规则排成阵列，并且与联集管、尾架和反射器等组装成的太阳能集热器；还可以与循环管路、储水箱等组件组成分体式太阳能热水系统。它的吸热效率能达到97%，利用太阳能供给食堂用水和同学们淋浴用水，同时为旁边的大学生活动中心和国际交流中心提供24小时生活用水。太阳能生活用水系统这一项就能够为学校节约费用达百万元以上，节省了加热水的巨大开支。

结束语：同学们，通过今天的参观，我们可以充分地认识到我们学校新校区在建设过程中，很好地坚持了低碳、循环、绿色等可持续发展的理念，很好地贯彻了科学发展观的要求，我相信这对同学们日后树立低碳、绿色、循环发展的理念很有启示意义。学校利用天津市地热等资源优势，充分利用师生的科研优势，将学校打造成绿色校园，为同学们营造良好的成长环境。作为学校的一员，低碳生活更应该由我们来创造。从身边的小事做起，让我们的校园更加生态、更加和谐、更加低碳，希望我们的校园、我们的国家、我们的自然、我们的地球因低碳而变得更加美好。

布置课后作业： 结合上节课我们所学习的科学发展观的理念，结合今天我们的参观实践，写一份800字左右的感想。

天津市滨海新区规划展览馆实践创新课教案

1. 实践基地简介

天津市滨海新区规划展览馆是全面展示新区总体规划、建设成就以及未来发展远景的专题性展览馆。它不仅是展示滨海新区形象的一个重要窗口，也是海内外各界人士与滨海新区互通的平台、民众参与新区规划建设的廊道。

展览馆位于滨海新区中心商务区，占地面积 6581 平方米，建筑面积 8515 平方米，布展面积 3600 平方米，北依"滨海之肺"泰丰公园，南临京津塘高速公路延长线——泰达大街，东面紧邻"四季花园"泰达热带植物园。展览馆利用先进的声、光、电技术，生动地展示了滨海新区的历史沿革、开发建设情况和未来发展前景。在这里，观众能够通过多种途径，全方位、多角度、直观立体地了解滨海新区开发开放的全貌。

展览馆于 2003 年 2 月开工建设，2004 年 10 月竣工开馆。

馆内共分三层，一层布展面积 1500 平方米，包括 1060 平方米的沙盘模型以及沙盘周围的航拍图和三面墙上的伴景图，充分展示了滨海新区 2270 平方千米的规划面积。从二楼和三楼向下俯视沙盘，相当于从 4500 米和 7000 米高空俯视新区。二层布展面积 1000 平方米，展示滨海新区总体规划和专项规划以及九大功能区的电子沙盘和中心商务区、临港工业区、临空产业区的单体沙盘模型。三层布展面积及影厅面积共计 1100 平方米，东侧展示曾参加"中国对外开放 30 周年回顾展"的滨海新区沙盘模型，北侧展示滨海高新区单体沙盘模型。放映厅面积 270 平方米，可容纳 84 人。2009 年，展览馆被市委、市政府批准为天津市爱国主义教育基地。

2. 原理简介

本次实践教学的理论基础为《毛泽东思想和中国特色社会主义理论体系概论》2018 年版第九章第一节中"奋力实现中国梦"的相关内容。

实现中华民族伟大复兴，是近代以来最伟大的梦想，是中国走向未来的鲜明指引，是激励中华儿女团结奋进、开辟未来的一面精神旗帜。可以这样说，中国梦揭示了中华民族的历史命运和发展方向，反映了近代以来一代代中国人的美好夙愿。在中国特色社会主义新时代，中国梦更是以习近平同志为核心的党中央对全体人民的庄严承诺，充分体现了我党高度的历史担当和使命追求。

改革开放以来，我们总结历史经验，不断艰辛探索，终于找到了实现中华民族伟大复兴的正确道路，取得了举世瞩目的伟大成就。在中国特色社会主义道路上，我国经济实力、综合国力大大增强，人民生活显著改善，科技创新在经济发展中的驱动力越来越强劲，社会越来越和谐，生态越来越美好。因此，实现中国梦，必须走中国道路、弘扬中国精神、凝聚中国力量。

正是以上述基本认知为出发点，本次实践创新课需要为学生突出强调的是，实干才能梦想成真。正所谓"空谈误国，实干兴邦"，必须要在全社会大力弘扬真抓实干、埋头苦干的良好风尚，出实策、鼓实劲、办实事，自强不息、勇往直前。

3. 实践课内容

（1）在奔赴基地途中结合沿途景观对滨海新区进行简要介绍；

（2）在滨海新区规划展览馆门前集合，并概略介绍场馆情况；

（3）组织学生参观展览馆一楼沙盘；

（4）由场馆工作人员针对沙盘进行现场讲解；

（5）组织学生在展览馆三楼放映厅观看滨海新区发展宣传片；

（6）任课教师以滨海新区为案例讲授坚持中国特色社会主义道路、实现伟大复兴中国梦的重要内容和战略意义；

（7）组织学生自由参观，并与场馆工作人员进行互动交流；

（8）组织师生合影留念。

教学要求： 在实践教学过程之中，任课教师需注重充分结合滨海新区的改革发展情况及其取得的巨大成就，深入解读中国梦就是把国家情怀、民族情怀、人民情怀相统一的梦，实现中华民族伟大复兴的中国梦需要每一个人付出艰苦努力，靠实干得以梦想成真。

注意事项： 本次实践课程依托的实践教学基地距离学校较远且课程教学需完成的任务较多。有鉴于此，任课教师必须注意提前做好行程安排与教学设计，以确保本次教学活动的正常进行与出行师生的人身安全。

4.实践课详案

（1）简要介绍天津滨海新区基本情况并明确其发展的功能定位

天津滨海新区位于天津市东部沿海，常住人口 300 万，面积 2270 平方千米，海岸线长 153 千米，管理 5 个国家级开发和 21 个街镇，是北方首个自由贸易试验区、全国综合配套改革试验区、国家自主创新示范区。

2005 年 10 月，党的十六届五中全会把滨海新区开发开放正式纳入国家发展战略。2009 年年底，根据国务院的批复，滨海新区行政区成立，组建了区级领导机构，设置了全国同类行政区中部门最少、人员最精简的工作部门。2013 年 9 月，启动实施新一轮管理体制改革，按照"大部制、扁平化、强基层"的要求，进一步构建了"行政区统领，功能区支撑，街镇整体提升"的管理架构。

天津滨海新区是由国务院批准的首个国家综合改革创新区，位于天津市东部沿海地区、环渤海经济圈的中心地带。2006 年 5 月颁布的《关于推进天津滨海新区开发开放有关问题的意见》正式确立了滨海新区的发展目标和功能定位，即依托京津冀、服务环渤海、辐射"三北"、面向东北亚，努力建设成为我国北方对外开放的门户、高水平的现代制造业和研发转化基地、北方国际航运中心和国际物流中心，逐步成为经济繁荣、社会和谐、环境优美的宜居生态型新城区。

（2）明晰天津滨海新区建设的基本规划

总体而言，滨海新区确定的空间和产业布局为："一轴""一带""三个生态城区"以及"九个功能区"。一轴：即沿京津塘高速公路和海河下游建设"高新产业技术发展轴"；一带：即沿海岸线和海滨大道建设"海洋经济发展带"；三个生态城区：即建设以塘沽为中心、大港和汉沽为两翼的三个宜居生态型新城区。所谓"九个大功能区"具体包括：一是滨海新区中心商务区，主要发展金融、贸易、商务、航运服务产业；二是临空产业区，主要发展临空产业、航空制造产业；三是滨海高新区，主要发展航天产业、生物、新能源等新兴产业；四是先进制造业产业区，主要发展海洋产业、汽车、电子信息产业；五是中新生态城，主要发展生态环保产业；六是海滨旅游区，主要发展主题公园、游艇等休闲旅游产业；七是海港物流区，主要发展港口物流、航运服务产业；八是临港工业区，主要发展重型装备制造产业及研发、物流等现代服务业；九是南港工业区，主要发展石化、冶金、装备制造产业。

（3）介绍天津滨海新区建设的未来方向

滨海新区的改革开放、科技创新、功能区开发和基础设施建设，全面涵盖区域经济社会发展的方方面面：

①加快南港区域建设，打造世界级重石化工业基地和中国北方重要的轻纺工业基地；

②加快临港工业区建设，打造中国沿海高水平的重型装备制造业

基地；

③加快核心城区建设，打造具有改革开放前沿特点的现代化新城区；

④加快中心商务区建设，打造于家堡金融改革创新基地和响螺湾商务商业聚集区；

⑤加快中新天津生态城建设，打造具有国际先进水平，能实施、能复制、能推广的宜居生态新城；

⑥加快东疆保税港区建设，打造中国北方对外开放程度最高、功能最齐全的保税港区之一；

⑦加快滨海旅游区建设，打造中国北方知名的国内国际旅游目的地和高品位的休闲区；

⑧加快北塘区域建设，打造具有中国北方传统小镇特色的国内外会议举办地和小企业总部聚集区；

⑨加快西部区域建设，打造具有强大核心竞争力的高新产业技术基地和高端企业总部经济区；

⑩加快中心渔港建设，打造中国北方水产品加工物流产业中心和游艇产业发展基地。

（4）结合中国梦的远大追求分析滨海新区发展规划（重点）

"中国梦"的根本目标是国家富强、民族振兴、人民幸福，实现途径是走中国特色的社会主义道路、坚持中国特色社会主义理论体系、弘扬民族精神、凝聚中国力量，实施手段是经济、政治、文化、社会、生态文明"五位一体"建设。滨海新区在其发展过程中很好地体现了上述要求，对于实现中国梦作出了自己的贡献。

根据滨海新区政务网提供的资料，滨海新区在践行"五位一体"战略、奋进实现中国梦方面的措施主要体现在如下方面：

①经济建设

第一，着力推动产业优化升级，实体经济集聚效应持续增强。

近年来，滨海新区共新引进内外资项目 1064 个，实际利用外资 34 亿美元，内资到位额为 823.5 亿元，增长 9%，完成固定资产投资 1550 亿元，带动了新一轮的投资热潮。此外，滨海新区还坚持以新一代人工智能为战略抓手，抢占产业变革制高点。天河超算、曙光信息、南大通用等企业先后入选国家大数据产业试点示范项目，科大讯飞、深之蓝等一批智能科技企业茁壮成长，极大完善了区域内高新产业链条。

第二，积极实施协同发展深化行动，开放经济带动作用持续放大。

按照中央要求，规划确定滨海新区的功能定位为：依托京津冀、服务环渤海、辐射"三北"、面向东北亚，努力建设成为我国北方对外开放的门户、高水平的现代制造业和研发转化基地、北方国际航运中心和国际物流中心，逐步成为经济繁荣、社会和谐、环境优美的宜居生态型新城区。未来科技城京津合作示范区开工建设，中欧先进制造产业园、航空物流区、南港工业区承载能力全面提升。搭建五大载体平台推进高水平开放的典型经验受到国务院通报表扬。与河北省唐山市、沧州市合作共建协同发展的示范产业园相继揭牌。

第三，深入推进改革攻坚，营商环境持续优化。

坚持区域整合重组和优化产业定位相结合、经济职能和社会职能相分离，主业功能进一步强化。精简内设机构，推行中层以上干部竞聘上岗，初步形成"能上能下""能进能出"的用人机制。建立评价激励工作办法，激发了干事创业活力。积极推进"一制三化"改革措施落地实施，坚决取消、合并一批办理事项和办理环节，增加承诺制审批事项。深化线下"一窗受理"、线上"一网通办"，推行全程无人审批、电子登记。全面优化工程建设项目审批流程，审批时间大幅压减。强化事中、事后监管，建立失信企业联合惩戒机制。

②政治建设

滨海新区始终注重加强政府自身建设，其服务能力和水平持续提高。政府部门坚持聚焦主责主业，深入推进"两学一做"学习教育常态化制度化，增强"四个意识"、坚定"四个自信"、做到"两个维护"，严守政治纪律和政治规矩，坚决抵制圈子文化、码头文化和好人主义，持续净化政治生态。自觉接受区人大法律监督、工作监督和区政协民主监督，积极配合代表质询、专题协商，集中方方面面的智慧和力量推动政府工作高效落实。高度重视建议提案办理工作，开展季度集中督办、办理回头看。支持工、青、妇等群团组织开展工作，民族、宗教、侨务、对台、外事工作扎实推进。严格落实中央八项规定和实施细则精神，持续用力反对"四风"。深入开展不作为不担当问题专项治理。严格执行"三重一大"集体决策制度，加强审计监督，强化廉政风险源头防控，坚决查处群众身边的腐败问题，反腐败斗争压倒性态势进一步巩固。

③文化建设

优化教育资源布局。实施学前教育资源建设攻坚行动，新建、改建、配建一批幼儿园。启动实施师德、师风、师能培养计划，建设优质特色品牌学校，不断提高教育内涵品质。全面加强民办教育机构规范管理。深入推进国家健康促进区建设，推动智慧门诊建设全覆盖。探索公立医院人员编制备案制管理，实行合作共建医院考核评价体系。进一步提升妇女、儿童保健水平。深入创建国家公共文化服务体系示范区，实施街镇文化站、村居文化活动中心达标建设。深入落实全民健身计划，持续新建各类健身运动场所和设施。

④社会建设

第一，提高就业质量和保障水平。

落实农民工工资支付保障机制。全面推进全民参保计划。完善职工大病保险制度，提高贫困人口大病保险待遇。加大残疾儿童康复救助力度。完善养老服务体系，推动居家养老服务全覆盖。构建退役军人荣誉体系。

第二，推进社会治理智能化、法治化。

全面提升智慧滨海建设水平，推动智慧滨海运营服务中心投入使用，形成高效便捷的政务服务新体系。打造中新生态城智慧城市样板，丰富智慧应用场景，形成标准化指标体系。加强和创新社会治理，建设枢纽型社会组织示范点。完善信访和大调解工作机制。深入开展扫黑除恶专项斗争，保障人民群众安居乐业。

第三，全面提升本质安全水平。

推行分级分类闭环管理，扎实推进安全发展示范城市试点创建工作。对重点行业以及重点区域全面实施专项整治，压紧压实安全责任，坚持严管重罚，严肃追责问责，实现安全风险动态管控。广泛开展全民安全教育，提高应急处置能力，增强一线作业人员安全防范意识。

⑤生态文明建设

第一，改善大气环境质量。

制定出台"大气污染防治"等八大行动计划。与国家环科院共同成立环境创新研究院，对排放大户实施"一企一策"减排方案。着力破解工业园区围城问题，全面落实渣土源头监管全覆盖、运输车辆全密闭。

第二，持续治理水环境和土壤环境。

全面推行河长制、湖长制。加快建设中心桥泵站等南北水系连通工程，推进主要河道连起来、活起来、清起来。对土壤环境重点监管企业实施清单化管理。

第三，全面加强生态建设和保护。

推进绿色生态屏障建设，起步区工程基本完成。落实全市"1+4"湿地保护规划，提标提速保护修复北大港湿地，全面完成渔铺、构筑物拆迁，建立生态补偿机制，基本实现种植养殖业退出，实施生态补水。严格管控 220 平方公里海洋生态红线。全力保护野生动物和过境候鸟安全。

布置课后作业： 结合滨海新区改革创新发展实践与自身生活实际，谈谈当前我们如何奋力实现中国梦。围绕该主题完成一篇 800 字左右的实践报告。

中汽（天津）系统工程有限公司实践创新课教案

1. 实践基地简介

中汽（天津）系统工程有限公司隶属于中国机械行业规模最大、拥有甲级资质最多的大型央企——中国汽车工业工程有限公司，总部坐落于天津市西青区中北工业园区，拥有中北、盐城、新乡三大新型高端汽车涂装装备制造基地。

公司为实现与中汽工程涂装工程院"构架完整的涂装业务板块"，提升其核心竞争力而建立，具备先进的加工制造能力及完整的系统集成能力。拥有数控激光切割机、折弯机、数控机床等大型设备数十台。2016年公司顺利通过 ISO 三标体系认证，成功获得"天津市科技型中小企业"称号；2017 年被认定为"国家高新技术企业"和"科技小巨人培育企业"；2018 年通过"天津市企业技术中心"认证。公司在依托中汽工程涂装工程院强大设计实力的同时，不断强化系统制造能力，与其构成完整的研发—设计—制造体系。截至 2023 年一季度，中汽工程荣获沃尔沃年度"合作共赢奖"、奇瑞汽车"卓越服务支持奖"和"卓越服务客户奖"、上汽乘用车"最佳供应商奖"、上汽大通"优秀供应商奖"及上汽通用五菱施工单位"最佳安全绩效奖"等奖项，公司已成长为国内外各大车企的全球重要合作伙伴。

2. 原理简介

《毛泽东思想和中国特色社会主义理论体系概论》2018 年版第十章第一节第一部分，"贯彻新发展理念"。新发展理念是中国共产党关于发展理论的重大升华，是习近平新时代中国特色社会主义经济思想的主要内容。新发展理念立足于当前我国的新发展环境、新发展条件，是符合我国国情、顺应时代潮流、厚植发展优势的重大抉择，具有战略性、纲领性、引领性，其内涵包括：创新、协调、绿色、开放、共享。本实践基地主要是对应"创新注重的是解决发展动力"这一内容。发展动力决定发展速度、效能、可持续性。坚持创新发展，是应对发展环境变化、增强发展动力、把握发展主动权，更好引领新常态的根本之策。对我国这么大体量的经济体来讲，如果动力问题解决不好，要实现经济持续健康发展是难以做到的。抓住了创新，就抓住了牵动经济社会发展全局的关键。坚持创新发展，就是把创新摆在国家发展全局的核心位置，不断推进理论创新、制度创新、科技创新、文化创新等各方面创新，让创新贯穿党和国家一切工作。该实践基地的参观学习，让学生亲身感受科技创新对推动国家社会发展的重大意义。

3. 实践课内容

（1）上午9时，学生、教师和观摩领导集体乘车自学校至中汽（天津）系统工程有限公司。上车后，由主讲教师先简要介绍天津市、西青区、中北镇的名称由来；再介绍天津工业大学的概况，最后介绍中汽（天津）系统工程有限公司的总体情况。（20分钟）

（2）车至中汽（天津）系统工程有限公司后，全体人员进入一楼的展厅，浏览展厅的公司介绍。（8分钟）

（3）步入二楼研发车间，由主讲教师讲解习近平新时代中国特色社会主义思想的重要内容之一"创新发展理念"的内涵：创新、协调、绿色、开放、共享。其中，重点讲述"创新发展"的含义、对推动中国发展的重大意义及创新发展的实现途径。由此，引申出本次科技创新的实践基地——中汽（天津）系统工程有限公司。（20分钟）

（4）播放宣传片后请中汽（天津）系统工程有限公司的工程师给同学们介绍公司的基本情况、研究的主要内容及重大成果等，体现创新运用

对国家、社会发展的重大意义。（10分钟）

（5）进入研发生产线，主讲教师结合生产线运行讲解创新理念的体现。（15分钟）

（6）课程总结。主讲教师回答在来的路上预布置的问题；学生代表谈此次实践的感想；主讲教师针对研究院的科技创新和学生的讨论，总结创新发展、树立新发展理念对推进中国特色社会主义事业发展的现实意义。（15分钟）

4.实践课详案

讲授：（线路1：车从南开大学出发）各位领导，老师、同学们，大家早上好！我是天津工业大学马克思主义学院的教师杨永利，我们今天这么大的阵势，是要干什么去？这个昨天就和同学们说了，今天是要上"毛泽东思想和中国特色社会主义理论体系概论"课的实践课。因为今天有领导和老师来观摩，我就介绍一下天津市高校思想政治理论课创新实践课的做法。天津市教委贯彻习近平新时代中国特色社会主义教育思想、教育部关于高校思政课发展的新规定，以及天津市委市政府关于促进天津市高校思想政治工作发展的新要求，实施了一系列重要的创新举措，有效地提高了思政课的教育教学效果。

我们今天去的中汽工程的实践基地，是与毛泽东思想和中国特色社会主义理论体系概论这门课的新发展理念的内容相对应的实践基地，它位于天津市西青区中北镇。

天津这个名称是怎么来的呢？隋朝修建京杭运河后，南运河和北运河的交汇处（今金刚桥三岔河口）史称三会海口，是天津最早的发祥地。金王朝在武清、柳口（今杨柳青）附近设立一个军事据点叫直沽寨，古语有"先有大直沽盐粮兵屯，后有天津卫干戈拱北"之说。明朝建文二年（1400），燕王朱棣在此渡过大运河南下争夺皇位。朱棣成为皇帝后（明成祖），为纪念由此起兵"靖难之役"，在永乐二年十一月二十一日（1404年12月23日）将此地改名为天津，即天子经过的渡口之意。天津开始筑城设卫，称天津卫，天津也就成为中国古代唯一有确切建城时间记录的城市。天津市是全国先进制造研发基地、金融创新运营示范区、改革开放先行区、亚太区域海洋仪器检测评价中心，全国首批"千兆城市"；入选"2022中国活力城市百强榜"第22名；2022年自然指数—科研城市排名第20。截至2022年，天津市拥有国家级专精特新"小巨人"企业累计192家，市级专精特新中小企业累计961家；国家级企业技术中心77家，市级企业技术中心680家；国家级制造业单项冠军28家。天津是一个充满创新活力的城市。

天津有16个市辖区，我们要去的西青区不在中心城区。很多人都知道天津有个"南开区"，但很多外地人不知道西青区。不过，我一提杨柳青（展示年画），应该有同学知道。对，杨柳青年画，是我们这个年代包括再往前年代的中国人都知道的。还有大侠霍元甲是哪里人（展示画图）？对喽，西青区是中国四大木版年画之首杨柳青年画的原产地；是清末爱国武术家、上海精武体育会创始人、"精武大侠"霍元甲的故乡。杨柳青古镇建置始于金贞祐二年，已有近千年历史，被誉为中国历史文化名镇、中国魅力文化传承名镇、斯文小镇。霍元甲（1868—1910），天津市西青区精武镇小南河村人，爱国武术家，迷踪拳第七代传人，1909年名扬上海，并创办了精武体育会，培养了大批武术人才，为强健国民体质、传承武术文化作出了贡献。真正让后世记住霍元甲的故事的，是1916年《青年杂志》即后来的《新青年》正月号刊载的一篇文章《大力士霍元甲传》。1949年，杨柳青镇为天津专署驻地。1953年，天津市西郊区设立，1992年3月更名为西青区，即西郊加杨柳青为"西青"。2016年5月，西青区被国家知识产权局评为第四批国家知识产权示范城市。2017年6月，西青区被评为国家卫生城市（区）。

我们要去的实践基地中汽（天津）系统工程有限公司坐落于美丽的城市小镇——中北镇。中北镇素有"百年花乡"的美誉，域内建有中国北方最大的花卉市场、亚洲最大的室内热带植物观光园。镇域环境优美、治安良好，同时是集国家级卫生镇、全国环境优美乡镇、天津最具幸福感城镇、全国社会治安先进镇等各项荣誉于一身的生态宜居区。2018 年 5 月 24 日，中北镇入选最美特色小城镇 50 强。地处古运河畔的中北镇，种花的历史已有 200 多年，境内的曹庄村尤为出名，清末民初曹庄村就盛产"晚香玉"花，被农业部评为"中国晚香玉之乡"（展示画图）。有一个民间传说。相传古代有一位姓张的美少年，他的笛声非常优美，远近驰名。在一个月色很美的夏天晚上，少年倚树吹笛，正吹得高兴，突然一片紫云飞近他的上空，一位美丽的仙女自云端翩然而下。仙女说她是月宫的使者，嫦娥听到他的笛声，特地命令她下来索取乐谱，吹笛手欣然相赠。嫦娥得到乐谱，命月宫中的乐师吹奏，欢欣之余，为了表示谢意，便又命令先前那位仙女下凡邀请少年上月宫。少年突然对人世间起了依恋之情，于是向仙女要求延缓一天上月宫。仙女没有答应他，仅拔下头上的玉簪送给他做纪念，在抛给他之际，少年没有接住，玉簪掉落地上，可是怎么找也找不到。结果玉簪变成了花，少年则依然留在世间，而此花不仅在夜间散放香味，在皎洁的月光下芳香尤为浓郁，所以叫作晚香玉。

除了这个美丽的传说，令中北镇声名鹊起的是它与天津高新区、华苑高科技产业园区、海泰发展等知名区域与企业相比邻，发展起了自己的支柱型产业，即现代制造业。现代制造业占全镇经济总量 60%。区域内以汽车整车及关键零部件、装备制造业、新能源新材料产业为主导的三大产业在中北镇的聚集度达 85% 以上，拥有一汽丰田、一汽夏利、一汽华利、天汽美亚四大汽车整车生产厂，年规划整车的生产规模为 60 万辆，是天津市汽车生产基地之一、全国经济型轿车生产基地和汽车零部件加工基地。我们这节实践课要去的就是中汽（天津）系统工程有限公司，是世界一流企业。

（线路2：车从工业大学出发）我们现在所在的区域就是天津高新产业技术区。其核心区域华苑科技园、滨海科技园位于天津市西南和东部，是天津经济发展的双子星座。华苑科技园周边有南开大学、天津大学等13所高等院校，创新资源丰富，高端人才集聚，是天津市第一个"无燃煤区"和"国家环保示范区"。园区现已吸引了众多世界知名企业前来投资办厂，西门子、丰田、三星、微软、三洋、NEC等世界500强企业已有24家，企业总数已达3600家。华鼎高科技发展中心、天津高泰科技产业园、蓝海科技园等为创新型企业提供服务。今天我们去的实践基地，之所以选这条线，也是因为这条路是"高科技路""创新路"。沿途我们会经过许多的高新技术企业，有些知名企业我会介绍给各位，看看你了解的有几家。

中环天仪股份有限公司（原天津天仪集团仪表有限公司，2009年1月1日正式更名为中环天仪股份有限公司）是国有控股企业，是我国仪器仪表行业中的骨干企业和天津市高新技术企业。公司拥有国家认定企业技术中心及工业自动化专家和技术研发人员，承担着国家"863"科技攻关项目以及现场总线、智能化仪表等多项研究课题。公司与德国西门子、美国ABB和日本东芝、芬兰维萨拉、英国肯特、法国伯纳德等跨国公司有着广泛的技术、商务合作关系；与美国费希尔公司、日本三井公司、德国威格公司和丹麦吉麦克公司分别建立了合资公司；各类产品出口东亚、东南亚、西亚、南美、中东及北非等20多个国家和地区。

三安光电股份有限公司是具有国际影响力的全色系超高亮度发光二极管外延及芯片生产的上市公司，总部坐落于美丽的厦门，是国家发改委批准的"国家高产业技术化示范工程"企业，承担国家"863""973"计划等多项重大课题，并拥有国家级博士后科研工作站及国家级企业技术中心。该公司多个产品性能指标居国际先进水平，年产芯片3000亿粒，占到国内总产能的58%以上，是国际上具备规模化生产、研发化合物半导体芯片能力的企业，是获得国家科技进步奖、国家重点新产品奖、国家重大技术发明奖等奖项的科技创新型企业。

天津巴莫科技股份有限公司成立于2002年8月，推动了我国绿色环保电源产业的发展。公司第一大股东为中国节能环保集团公司，它是由国务院国有资产监督管理委员会监管领导的中央企业，是国家在节约能源与环境保护领域一家国家级投资公司。公司主要从事锂电池正极材料的研制、开发和规模化生产，建立了天津市先进锂离子电池材料企业重点实验室，是国家认定的企业技术中心，是高新技术企业，是专精特新中小企业，设有博士后科研流动站。公司先后承担了国家发改委、工信部、科技部、财政部及天津市等单位三十余项重大攻关研发项目，获十余项专利授权，多个产品填补了国内空白。

天津力神电池股份有限公司是一家国有控股的混合所有制高科技企业，国际高端市场占有率位居全球锂电行业前列，已成为国际一流、国内领先的专业锂离子蓄电池制造商，拥有业内领先的核心技术和自主知识产权、授权专利1800多项，并拥有国内电池行业首家UL目击测试实验室、国家级博士后科研工作站。公司已成为国家认定企业技术中心、国家锂离子动力电池工程技术研究中心、《移动电话用锂离子蓄电池及蓄电池组总规范》等多项国家标准主起草单位，荣获中国驰名商标、中国质量诚信企业和出入境检验检疫信用管理AA级企业等众多奖项。

西门子电气传动公司，是西门子投资5.5亿元建立的生产全数字控制的外资科技企业，研发部的产品开发平台与流程均与德国总部保持一致，延续西门子产品一贯的高品质。

施耐德万高（天津）电气设备有限公司是法国施耐德电气工业股份有限公司投资建立的一家外商独资企业，是施耐德电气产品全球的主要生产基地。

天津高泰科技产业园筹建于 2001 年，目前拥有约 200 家企业、来自三十余个国家地区外资企业，重点发展生物医药、科技研发、电子信息、新能源新材料、设备制造、汽车配套等。

一会儿，我们先进入公司办公楼大厅了解企业概况，然后进入公司的核心研发车间，因为涉及企业知识产权保护，属于高度的商业秘密，我们必须像爱护眼睛一样去保护我们自己企业的创新。所以，这期间请大家务必不要拍照。

我们的车已经到达中汽工程有限公司了，现在请大家下车，我们的实践课就此开始。我给每位同学预先发放两张卡片，一张是我们这节实践课要讲授的主要内容，以及关于"为什么创新？什么是创新？如何创新？"的内容，在上课过程中，请大家注意我留下的第二张卡片上的问题，在下课时，我会找你们回答。第一个问题：这家公司在全球的喷涂设计与设备制造商中排名第几？第二个问题，这家公司的电泳试验线达到国际先进技术水平，可实现车身多少度的翻转出入槽？第三个问题，从下车后，你们就仔细看、认真听，这家公司的环保理念都体现在哪里？

各位领导，老师、同学们，大家都知道汽车最关键的技术就是汽车心脏的发动机，但是，我们去买车时看不到发动机，只能看到车的外观。俗话说"人靠衣服马靠鞍"，我们买车时最先关注的就是外观，所以，一辆车的涂装好不好是它的第一卖点，汽车涂装工艺也就成为汽车生产过程中的一项重要工艺。今天这家公司就是专门研究和生产汽车涂装设备和工艺技术的。大家看这张图，这是油漆车间的一本手册，据这家企业的李总工程师说，当时的这本书是国内所有油漆机械设备工序的最高指导书。但是，我们也可以看出来，当时是使用手工来为拖拉机、汽车进行刷漆的。1977年年初，原机械工业部第四设计研究院的13名技术员集中起来，成立了"油漆组"，承担院里拖拉机涂装工程设计、涂装技术的科研课题以及新技术的开发应用工作，这就是涂装工程院这个部门的前身。他们突破了我国当时沿袭的苏联设计技术和体制，不断钻研技术进步和体制创新。

像老技术专家曾隆尧先生，为研究所的发展倾注了全部的心血。他从来没有下班的概念，经常工作到深夜，即使在病中，也常常"溜"回到办公室工作，甚至两次在工地上病危。正是在这些老技术员的带领下，他们忘我工作、不断创新，到今天，该公司焊装、涂装、总装生产线装备供货等核心业务处于全球领先地位，解决了系列"卡脖子"技术难题，数十项自主研发的高新技术专利填补了国内空白，打破了国外技术垄断，助推了中国汽车工程装备高质量发展。大家看到的这些展厅中展出的科技成果专利证书、技术获奖证书，以及国际、国内众多合作汽车企业，都印证了习近平总书记说的，"创新是引领发展的第一动力"，"创新是一个民族进步的灵魂，是一个国家兴旺发达的不竭动力"，"变革创新是推动人类社会向前发展的根本动力。谁排斥变革，谁拒绝创新，谁就会落后于时代，谁就会被历史淘汰"。

十八大以来，我们党确定的"创新、协调、绿色、开放、共享"的新发展理念中，创新排在首位。但是，创新又是何其艰难！当年陈毅同志说"创业艰难百战多"，习近平总书记也说"创新从来都是九死一生，但我们必须有'亦余心之所善兮，虽九死其犹未悔'的豪情"，勇于攻坚克难、追求卓越、赢得胜利，积极抢占科技竞争和未来发展制高点。我国改革开放四十多年取得的辉煌成就的背后，是无数改革创业者的辛劳付出。

正如这家企业，从当年手工为拖拉机刷漆，到今天能够为世界上大多数顶级的汽车品牌提供喷涂技术和生产线，同样靠的是一批批中国工程师的艰辛付出。

在涂装所初创时，只有 13 个人，一间房，为了节约设计经费，他们每天煮挂面、拌酱油、吃咸菜，后来，有了方便面，吃泡面又成为常态；而且，那时候的泡面可不像我们现在的方便面，有各种口味还带火腿加鸡蛋的，那时没有单独包装袋，就是一个大纸箱子放 50 份面，调料包里只有盐和味精，而且穿起来像子弹夹一样。这样的生活不是一天两天、一年两年，一干就是二十年。因此，患肠胃病、带病上班成为常态，但是他们没有一位退缩，在这些创业者的血液里有着自己的志向：一定要发展自有技术和品牌。有一次，国内涂装市场的奠基人、老共产党员易绪翰先生在去投标的火车上发现标书文件有不妥之处，他硬是不顾胆囊炎突发、疼得浑身流汗，连夜在火车上修改了标书，一下车就直奔投标会场。一年一年过去，从 13 人到 30 人再到 50 人，2005 年时人员增长了二十倍，产值翻千倍，合同额达到 50 亿元。客户涵盖国内各知名汽车品牌企业，成为具有全球优势的涂装系统服务商，今天更是成为国际一流企业。总书记说"幸福是奋斗出来的"，每一个创新创造的背后都是中国人卧薪尝胆、吃苦耐劳、奋发图强的精神支撑。所以说，为什么要创新？因为要发展，因为要幸福，我们决不能把自己的幸福建立在别国的技术创新基础之上，那样的幸福是短暂的，是不可持续的。

现在，我们来到的是研发车间，也就是企业的核心商业秘密研发车间，此处严格禁止拍照，请大家关闭手机。刚才在来的路上，我就和大家说，我们的这节实践课对应的是教材中"新发展理念"这一节中关于"创新"的内容，并在沿路选取了许多的科技公司为大家做介绍。请大家看对应的教材内容。我们知道了创新发展是推动社会进步的第一动力，我留一个小问题，创新的关键在哪里？大家一边继续我们的实践课，一边思考，我最后请大家回答。

接下来，我们会看到一段几分钟的视频，视频会介绍公司的主要创新技术，我提问的问题的答案也在里边，大家注意看，注意听工程师的解说。

看过视频，我们知道了公司在数字化、柔性化、轻量化、节能环保、智能化方面都已经走在了世界同类型企业的前列。经过和公司协商，公司破例允许我们进入研发实验生产线，让我们去亲身感受科技创新的力量，去思考到底什么是创新。

这是电泳试验线，主要由工艺室体、槽体、药剂管理系统、翻转输送系统、滑橇输送系统等组成，可实现车身360度翻转出入槽、自动交接等功能，整体达到国际一流技术水平。在之前，大多此类型生产线只能车身45度旋转，大家想一下，360度旋转比45度旋转的优势在哪里？对，槽体更短、药剂需要量更少、成本就低了。可是这对生产线的翻转输送系统就会提出更高的技术要求。我们做出了别人没有的技术和设备，这就是创新。公司里和我对接的工程师给我讲过，为了研发这项技术，他们组织了一个科研攻关团队，去国外考察、封闭式实验，经历了无数次失败、无数次验证才有了我们自己的这项技术。在技术攻关期间，工程师们几个月甚至一年才回一次家。有一次，一位工程师回到家后，他两岁的儿子一会儿就过来踢他一下，一会儿又过来踢他一下，然后对妈妈说这个男人为什么来咱们家？孩子天真无邪，但是道出了工程师们的辛酸，体现了他们舍小家为大家的奉献精神。

中国现在能够建造许多的超级工程，而每一项工程背后，都是无数建设者、无数家庭的默默奉献。可能他们的名字一辈子都不会被我们知道，但当我们享受这些创新成果时，应该铭记这些劳动者的奉献。所以，我在课上常跟同学们说，也许你一生不会是英雄，但请你做好一颗螺丝钉，因为再先进的机器想要运转也不能少一颗螺丝钉。

同学们，这本来是涂装车间，但是为什么我们进来后几乎闻不到油漆味儿？这得益于该生产线配置的高效的环保节能系统。大家看到的是第一、二、三代过喷漆雾处理系统。在汽车喷涂过程中，未附着在车身表面的漆雾必须进行处理，控制不好就会有二次污染，所以，企业研发了第三代纸盒式干式喷房系统，用于处理喷漆系统的过喷漆雾。大家看到我手里的这个纸盒，你们说用纸和替代水或者石灰有什么优点？大家说得很好。的确，它具备节能降耗、固废少、运营成本低、漆雾捕捉效率高、结构模块化等特点。公司还有自己研发的废气处理系统，具备节能环保、高度集成、高可靠性等特点，通过数字化仿真验证，确保废气处理系统安全可靠。像过喷漆雾处理系统别家也有，但是中汽公司做得更好、更环保、更有效率，这同样是创新。据公司介绍，研发这个系统的团队工程师，平均年龄只有三十多岁，而且，这家公司的工程师基本都是毕业自中国的大学，是我们自己的大学培养了自己的工程师，推动着我们自己的科技创新与发展。就像习近平总书记说的，"世上一切事物中人是最可宝贵的，一切创新成果都是人做出来的。硬实力、软实力，归根到底要靠人才实力。"现在，在我国的劳动者当中，高技能人才还不足6%，所以，同学们，你们在新时代拥有广阔的奋斗天地，将大有作为。

现在大家看到的是机器人操作生产线，这几台机器人分别负责什么工作呢？（公司工程师和教师互动讲解）

同学们，这样的自动化生产线，现在国际、国内已经是比比皆是了，但是放在20年以前，我国一条没有。靠着中汽公司全体员工不服输的韧劲儿，利用对"摩尔定律"的洞察，以"小步快跑"的运营模式对战跨国巨头，硬是从老牌喷涂工业巨头德国艾森曼、德国杜尔、日本大气社等知名企业手中一点点去竞争、去抢占，终于逐步占领了世界市场，靠的就是自己的信誉和优质的产品质量。今天沃尔沃、大众、通用、凯迪拉克……这么说吧，凡是世界名车企业在世界各地的工厂都有中汽公司涂装研究院的身影。在国内，大街上每跑十辆车就有七八辆都出自他们研发的生产线。

现在看到的是核心环节——喷涂线。大家可以看到在透明的生产线上有各种机器人（与工程师对话，了解机器人）。大家知道吗？就在2005年的时候，公司刚进口了一台这样的机器人，但是，外国人要求你不能自己修，当然我们也修不了。就像今天买手机和小轿车时，要求你不能自行拆卸，否则厂家就不保修了一样。当时，李总说一位工程师一个月工资是1500元左右，而请一个外国企业的维修工人，还不是工程师，每天的工资是一千美金，还不包括来回机票、住宿、餐饮费用。他在维修时还借口涉密不允许我们自己的工程师陪在旁边，所以，在先进技术方面中国人受的委屈实在是太多了。但是现在，这些机器人系统的集成、调试、维保等工作我们都掌握了，我们已经处于世界一流的梯队，国外公司还需要请我们中国的工程师去帮他们修理维护！这些平均年龄只有三十多岁的年轻人，不仅能驾驭这家跨国设计生产企业，也让自己成为企业和国家形象的代言人。创业50年，他们和所有的中国成功企业一样，向世界证明了中国人创新创造的能量。因此，归根到底，创新发展离不开人才的支撑。

小结：好的，课程即将结束，谁能回答我卡片2提出的三个问题？（与学生互动）（前三名；360度；车间无油漆味、第三代纸盒式干式喷房系统、废弃回收处理系统；还有太阳风能一体路灯、楼顶太阳能集热器、雨水回收利用浇灌系统。）同学们，其实这一节课，我们对公司的了解只是最基本的，而且因为涉及公司秘密，我们对很多公司的科技创新只能点到为止。但是，从一间小平房到全球化一流企业，他们发展的每一步，都伴随着改革开放步伐，伴随着创新创造的探索。没有改革开放就不会有公司发展的良好机遇与环境，没有创新发展更不会有公司腾飞的奇迹。

好的，今天我们讲授了大家看到的卡片1的三个问题。

一是为什么要创新。大家说为什么？对，是为了生存、为了发展。习近平总书记提出的"惟创新者进，惟创新者强，惟创新者胜"，"不创新就要落后，创新慢了也要落后"的重要论断，是对我国当前经济社会发展之命脉的准确把握。纵观世界发展史，人类的一切文明成果，都是创新思维的胜利果实，都是创新智慧的结晶。大到一个国家、一个民族、一个政党，小到一个团队甚至一个人，大创新大成就，小创新小成就，不创新没成就。刚才通过参观中汽公司，我们知道涂装研究所从无到有、从弱到强的发展靠的就是不断的创新。

二是什么是创新？对，创新就是能造出别人没有的产品、技术或者工艺，能走出一条别人没走过的成功之路。习近平总书记说"树高叶茂，系于根深。自力更生是中华民族自立于世界民族之林的奋斗基点，自主创新是我们攀登世界科技高峰的必由之路"。中国人在西方国家高技术的围剿和限制之下，硬是自力更生实现了诸多技术领域的突破，有了中国人自己的航天事业、高铁事业、华为通信事业等高科技实业，将"国之重器、国之利器牢牢地掌握在中国人自己手里"，将"创新有未来"发挥得淋漓尽致。中汽公司不也是靠研发了别人没有的360度电泳、纸盒式干式喷房系统、涂装总装工程技术等，才走进世界一流企业的行列吗？所以，同学们，一定要把创新精神融入自己的生命中，在学习中也好，在将来走上工作岗位也好，都不要吃别人嚼剩的冷饭，要始终保持珍贵的好奇心，勇于探索，为国家、为社会作出自己的贡献。

三是怎么创新？创新的关键在哪里？对，在人！就像习近平总书记说的，"世上一切事物中人是最可宝贵的，一切创新成果都是人做出来的。

硬实力、软实力，归根到底要靠人才实力"。但是，一个人行不行呢？当然不行，必须要靠团队的力量。俗话说，"浑身是铁能捻几颗钉？""三个臭皮匠赛过诸葛亮。"古往今来，我们记住了许多创新创造者的名字，但是却忽略了他们每个人背后都需要他人的支持和协作。因此，树立协作共赢、集体主义的观念是我们攻坚克难、创新创造的法宝。"合作、进取、至诚、超越"是涂装研究院的企业精神，他们更是深知研发团队合作的重要性。另外，中汽公司领导在给我的介绍中指出，之所以能够充分发挥每个工程师的本领和才干，离不开企业党支部的战斗堡垒作用和共产党员的先锋模范带头作用。刚才给大家介绍的那些劳动模范，都是共产党员，他们在企业党支部的领导下，迎难而上、刻苦钻研、团结协作，才有了一项项的科技创新成果，才有了中汽公司的发展。总之，一句话，创新发展必须在党的领导下，聚拢人才，充分发挥集体的力量才能实现。

布置课后作业：以"创新是引领社会进步的动力"为主题，写一篇2000字左右的实践基地的学习感受。

天津兴宁实业股份有限公司实践创新课教案

1. 实践基地简介

天津兴宁实业股份有限公司，位于天津市宁河区造甲城镇造甲城村西，在本市静海、武清、宁河等地建有多个种植园。公司获得天津市农业产业化经营市级重点龙头企业、天津市休闲农业示范点、3A 级信用企业、第十三届全运会指定蔬菜供应商等系列称号，业务也从最基础的农业种植发展到生态农业。

公司 2023 年引入智能技术装备、发展清洁能源与现代农业相结合的绿色低碳产业平台，创建国内领先的智慧农业与机器人主题交互式农业科技园区、农业高新技术园区、乡村旅游体验区。

公司响应党中央国务院扶贫政策的号召，积极参与东西部扶贫协作，2019 年作为天津市首批东西部扶贫企业签约单位，3 年多来参与完成了多项帮扶项目。

公司积极参与社会公益事业，组织了"雷锋蔬菜大棚"困难家庭蔬菜捐赠、宁河区残疾人就业帮扶等公益活动，帮助困难群体解决生活、就业难题，成为公益志愿者联盟组织带头人。

公司注重党建引领，助推企业发展。2018 年成立联合支部委员会，在中共宁河区委领导下，立足公司发展实际，引领公司激发党组织党建新动能，为公司健康发展提供引领保障。

2. 原理简介

供给侧结构性改革，指的是用改革的办法推进结构调整，减少无效和低端供给，扩大有效和中高端供给，增强供给结构对需求变化的适应性和灵活性，提高全要素生产率，使供给体系更好适应需求结构变化。人民群众的日常生活离不开衣食住行，其中，人们在饮食方面的需求发生了重大变化，已经从吃得饱、吃得好转向吃得安全、吃得健康。因此，食品供给侧的结构性改革对于适应人民群众需求结构变化以及满足人民群众日益增长的对美好生活需要具有重大意义。要做到食品安全、健康，就要从源头抓起，从种植着手。天津兴宁实业股份有限公司的主营业务是生产经营绿色生态农业种植，具体而言，就是主要生产有机蔬菜和无公害蔬菜。公司在 20 年的时间内日益发展壮大起来，一方面反映了人民群众饮食需求的变化趋势，另一方面也反映了国家着手对这样的公司进行积极引导并重点扶持，以具体而落实的政策促进此领域的供给侧结构性改革。通过到天津兴宁实业股份有限公司的总部和种植园区两大部分进行实地了解，通过具体的实例讲解，学生理解并掌握供给侧结构性改革的内涵，以及进行供给侧结构性改革的目的和意义。

3. 实践课内容

（1）学生、教师集体乘车自学校至天津兴宁实业股份有限公司。至公司后，主讲教师首先讲解习近平新时代中国特色社会主义思想的重要内容之一——供给侧结构性改革的内涵。其中，重点讲述食品供给侧结构性改革对于适应人民群众需求结构变化以及满足人民群众日益增长的对美好生活需要的重大意义及实现途径。由此，引申出绿色生态农业种植的实践基地——天津兴宁实业股份有限公司。

（2）请天津兴宁实业股份有限公司工作人员给同学们介绍公司的基本情况、主营业务及绿色生态农业研发状况等。

（3）学生参观日光温室间、无土栽培种植棚室、现代农业物联网智能连栋温室、万吨级冷链保鲜及加工系统、现代生态农业示范园。其间，由工作人员给同学们讲解有机蔬菜和无公害蔬菜种植、加工、销售及农业科技成果的转化、应用状况，并与学生互动交流。

（4）学生代表谈此次实践的感想。教师提问并让学生讨论：供给侧结构性改革的目的、意义以及实现途径。

（5）主讲教师结合天津兴宁实业股份有限公司的发展历程、发展现状以及学生的讨论，对供给侧结构性改革的内涵、目的以及意义等进行总结。

4. 实践课详案

讲授：（线路：车从天津工业大学东门出发）

同学们，大家早上好！我是天津工业大学马克思主义学院的教师，我们今天这么大的阵势，是要干什么去呢？对，我们今天是要上毛泽东思想和中国特色社会主义理论体系概论课的实践课。今天要去的是天津兴宁实业股份有限公司，它和我们教材中的"供给侧结构性改革，建设现代化经济体系的主要任务"的内容相对应。

我们要去的天津兴宁实业股份有限公司，位于天津市宁河区造甲城镇造甲城村西。其前身是天津市天林种植蔬果专业合作社，成立于 1998 年。天津兴宁实业股份有限公司包括总部和种植园区两大部分：其总部设在距离 8 公里处就是国家重点保护区七里海湿地的造甲城，占地 400 亩；种植园区集中在静海、武清、宁河等市郊区域，企业租用总种植面积达 6400 亩。企业发展以农业为主，从最基础的设施农业，发展到现在的生态农业，一路走来，经历了许多挫折和坎坷。天津兴宁实业股份有限公司董事长兼总经理刘晓龙说，不忘初心、砥砺前行。他的初心就是要带领农户提高收入，发挥土地增效，搞现代化农业。

兴宁公司的业务组成架构如下：公司生态农业种植部、配送部、销售部、生态农食业研发部等四个部门。公司拥有 110 个日光温室间，无土栽培种植棚室 40 间，灌溉深水机井 2 台，有机水稻 12 亩，办公及科研实验用房 4 间，现代农业物联网智能连栋温室一座，配套万吨级冷链保鲜及加工系统以及占地 400 余亩的现代生态农业示范园。目前，公司已形成农业物联网信息化连栋温室、畜牧养殖区、林下经济区、水菜立体化种植区、大田作物产区等现代绿色农业生态循环产业链。

公司主要生产经营绿色生态农业种植，分为有机蔬菜和无公害蔬菜两类，延伸产品包括配送、销售以及绿色生态农业研发。近年来，随着业务的拓展，也开展了其他业务，例如：咨询服务；粮食收购；蔬菜、水果种植、批发兼零售；食用农产品（干果、淡水鱼、虾、蟹、禽蛋批发）；预包装食品兼散装食品批发及零售。但其中的主营业务仍然是绿色蔬菜，其他业务占总业务比重较低。兴宁公司生产的有机蔬菜严格遵守有机食品的生产环境质量要求和生产技术规范，按照无污染、富营养和高质量的特点对环境、水土保护、生态建设高度重视，使生产的产品达到了国际认证标准，在保证菜品质量方面成效突出，在天津承办的大型体育赛事以及国际性会议上被指定为专门使用的产品。2017 年，兴宁公司成功完成了第十三届全运会的食材供应，为在天津举办赛事提供了有力的食材保障，顺利完成了"保供给、保安全"的任务。经过多年努力，公司获得了天津市农业产业化经营市级重点龙头企业、天津市休闲农业示范点、3A 级信用企业、第十三届全运会指定蔬菜供应商等系列称号，业务也从最基础的农业种植发展到生态农业。

到公司后，刘晓龙总经理会为我们详细介绍各方面情况。先给大家来点"剧透"，大家会看到占地大约 200 亩的园区，里面有当年聘请西班牙技术人员参与建造的种植有机蔬菜的自动化大棚（虫子本身排斥低分贝音乐，因此大棚内的虫害防控是通过棚内四个音响播放低分贝音乐的方式刺激害虫来实现的），培育从国外引进的各种瓜果蔬菜的育苗棚，以及园区养殖的螃蟹、鸡、鸭、鱼、鹅等，你们将会迎来有关现代农业科技和现代农业种植的生动一课。

伴随着我国社会经济的进步，人民对美好生活的向往不断提高，人民的物质生活水平上了一个新台阶，对蔬菜的质量要求也越来越高。现在人们对安全食品的需求日益强烈，国内市场前景非常乐观。蔬菜是人们每天不可缺少的食物，然而，在自然环境日益恶劣的今天，蔬菜竟成了餐桌上的隐形杀手。消费者渴望吃到安全、健康的蔬菜。发展绿色蔬菜是适应中国社会主要矛盾、满足人民群众对美好生活需要转化的必然要求，也是天津市政府关心百姓生活为民众做实事的重要内容。虽然我们都知道有机蔬菜无化学残留，有机蔬菜的种植讲究平安、自然的生产方式，但实际上遇到价格高的蔬菜产品，大家还是会自然选择低价产品。事实上，有机蔬菜口感佳，而且已被证明比普通蔬菜更具营养。业内人士指出，绿色、有机、无公害的蔬菜未来市场空间巨大，绿色食品无公害蔬菜，是蔬菜产业发展的方向。

但生产绿色食品不仅需要公司自己去努力，也需要国家的大力支持。因为一方面，产品的前期研发、培育投入高，兴宁公司引进南美的葡萄到天津生产，不仅需要改良土壤，注意温差，保持湿度，而且还要多次嫁接。大棚里的葡萄是从智利引进的，到了中国面临水土不服的问题，这就需要嫁接。一般来讲，要经过两次嫁接，才能使其适应中国大陆的土壤：第一次嫁接为了使幼苗成活；第二次嫁接则用于改变作物体质。这就存在季节等待、多年反复研发但仍可能失败的风险，一旦葡萄挂果还面临新品种市场是否接受的风险。同样，从荷兰引进的西蓝花、从意大利引进的西瓜，都存在因气候不适而导致的前期培育困境。另一方面，产品的生产成本高。前期成本来自有机蔬菜的认证费用高（有机食品认证费用包括申请费、检测费、复检费、产品第三方检测费、年金、监督检查费、有机食品标志使用费等领域），如果是引进的新品种，其种子要经过本国和国外专业部门审批，花较高昂的价格购买；中期投产后成本来自公司劳作时间长，要对肥料、土壤、病虫害进行严格的非农药管理，要投入采光、日照、灌溉等一系列基本维护管理成本；后期产品成熟后，要及时采摘，及时分拣、整理、装运……这些都会增加产品成本。

随着生产规模的不断发展，公司对资金的需求也越来越大，公司的融资问题也更加突出。在大力振兴农业的大背景下，公司得到了国家政策的扶持与帮助，也得到了地方政府、金融与财政等领域的支持，在租金、产业升级改造、新科技上项目等方面得到了一定的资金支持，获得了公司所需要的部分资金。虽然这部分资金相对于公司的投入很小，比如一次100 万左右的资金扶持，但对于公司来讲也是一个不小的帮助。

推进供给侧结构性改革，还需要得到广大人民的认同。比如，绿色蔬菜包括有机蔬菜和无公害蔬菜，但是目前存在着价格高、受众少的大问题。以天津市场价格为例，普通红椒是 4 元一斤，兴宁公司的红椒是 6 元一斤，普通西蓝花是 4.8 元左右一斤，兴宁公司的西蓝花则一斤卖到 7.2元。由此可见，兴宁公司的无公害蔬菜的价格比普通蔬菜的价格高，但是公众在一般的菜价上不可能区分出哪个是有机或者无机，或者是无公害，自然也就没办法出钱购买兴宁公司的商品。一般经常做饭的大多数是老年人，而老年人对价格敏感性较强，对绿色农业产品的信任不够；年轻人生活要求高，但大多数不负责采买，工作压力大，每日固定用菜量不大。除此之外，虽然现在国民的生活水平已经大大提高了，但是大部分消费群体的收入和消费水平还使他们对于无公害和有机蔬菜并没有充足的购买能力。

农业生产企业的季节性、时令性、地域性等局限与时代发展节拍的接轨有着巨大的矛盾。现代农业生产者不仅仅会种地，不仅仅要按照时令播种、除草、收割、贩卖、运输、上货架，还要勇于参与市场经济竞争，了解国家发展战略和相关的税收、财政金融政策、法律相关问题；既要管理好内部职工，又要学会承担社会责任，处理好企业与政府的关系。今天的农民不再是面朝黄土背朝天，农业种地要讲究科学，种什么、怎么种、如何销售、如何上新机器、如何解决好投入与产出关系等，都需要具有现代思维、战略思维、辩证思维、发展思维。现代农业生产要想不被无情的市场淘汰，必然需要一个企业既有传统农业经验，更要有现代计算机等科学技术；既要踏实埋头看地种菜，更要抬头看天了解世界；既要学会与土地打交道，更要学会与人打交道。所有这一切都需要新的知识、新的技能、新的驾驭本领，在此基础上才能凝聚出新的理念。

兴宁公司在十多年的时间内日益发展壮大起来，一方面反映了人民群众饮食需求的变化趋势，另一方面也反映了国家着手对这样的公司进行积极引导并重点扶持，以具体而落实的政策促进此领域的供给侧结构性改革。

在兴宁公司总部，由刘晓龙总经理亲自带领学生参观种植有机蔬菜的大棚，养殖狮头鹅、淡水鱼、虾、蟹的水渠和水塘，牛、羊养殖场，以及曾经专供天津全运会绿色蔬菜检测加工的车间。

刘晓龙总经理向同学们详细讲解有机蔬菜种植、动物养殖、蔬菜检测加工等相关情况：这里去除杂草不用除草剂，而是让牛、羊来吃草；这里防治病虫害不用杀虫剂，而是播放低分贝音乐来治虫；这里的蔬菜生长不用催熟剂，而是让时光陪伴着它慢慢成长。蔬菜采摘后经过检验检测外，还要进行初加工甚至精加工才会送到顾客的饭桌……近年来，兴宁公司更是与众多线上、线下供应平台进行合作，将新鲜的有机蔬菜供应到百姓餐桌，同时引进先进的净菜加工系统，从清洁、挑拣到分切、包装，全程电脑数控化，将蔬菜加工精细化，从而让人们更便捷地吃上安全、健康、富有营养的绿色蔬菜。

通过到兴宁公司现代蔬菜种植基地参观学习，学生更加直观地感受到，随着我国经济社会的快速发展，人民对美好生活的需要不断增长，人民的物质生活水平上了一个新台阶，人民对蔬菜的质量要求越来越高，由"有没有"到"好不好"，渴望吃到安全、健康、有营养的蔬菜。发展绿色蔬菜（农业）是适应我国社会主要矛盾转化、贯彻落实供给侧结构性改革的一项基本举措。由此，学生进一步深刻理解贯彻新发展理念、深化供给侧结构性改革的必要性和紧迫性，深刻领会党中央建设现代化经济体系的重大决策部署既是一个重大理论命题，又是一个重大的实践课题。

实践创新课是高校思想政治理论课教学的一种新尝试，它将课堂从教室搬到了现场。在兴宁公司所上的这堂思政课表明，这种教学形式可以将无形的理论转化成有形的实例，将思想上的引导链接到现实的启示，将学生被动接受教育转变为现实激发学生主动思考……这种教学形式实现了理论"往实里走、往深里走、往心里走"的基本要求，能够增强发现问题、分析问题、解决问题的能力，树立历史观点、国情意识和问题意识，有效提高理论思维能力。

这将是一堂生动、形象、具体的"概论"实践创新课。

布置课后作业： 供给侧结构性改革对于适应人民群众需求结构变化以及满足人民群众日益增长的对美好生活需要的现实意义。

天津市西青区精武产业技术研究院实践创新课教案

1. 实践基地简介

天津工业大学精武产业技术研究院是天津工业大学和精武镇政府合作共建单位，设立于天津市学府工业园。精武产业技术研究院集合天津工业大学学科和人才优势与精武镇区位优势，通过技术创新、科技成果转化、高科技企业孵化和专门人才培养，成为科技成果研发转化基地、高新技术企业孵化基地、高端人才汇聚和培养基地及大学生自主创新基地。研究院依托天津工业大学电子信息中心、天津市纺织纤维界面处理技术工程中心、天津市现代机电装备技术重点实验室，建设了电子信息产业服务平台，形成了物联网、3D打印、在线监测以及机器视觉等产业化项目培育及转化基地、千吨规模纤维级和膜级聚苯硫醚产品研发及转化基地、精密加工制造及自动化装备研发平台。研究院的设立为产学研一体化发展及科技社会应用发展提供了新模式。此外，它还专门成立了天津工业大学精武研究院科技有限公司，就地转化天津工业大学在精武镇的科技项目。

2. 原理简介

《毛泽东思想和中国特色社会主义理论体系概论》2018年版第十章第一节第一部分，"贯彻新发展理念"。建设现代化经济体系，实现五大发展理念，依托创新驱动我国经济结构转型升级，是建设社会主义现代化强国的重要战略组成部分。"贯彻新发展理念"是建设现代化经济体系的总的指导原则，是新时代中国共产党人深刻认识、把握世界经济发展规律的结论，是在正确总结我国经济发展成就的基础上，面向新时代的经济发展的基本方略。其内涵包括：创新、协调、绿色、开放、共享。当前，我国正处在两个一百年的重要的历史交汇期，正在从全面建成小康社会迈向开启社会主义现代化国家建设的新征程。今日的中国比以往任何时候更接近实现中华民族的伟大复兴。宏伟的目标对经济的发展提出了新的要求，即要根据当前中国社会根本矛盾的变化，在夯实发展基础的前提下，不断提高经济发展的质量，解决发展不充分不平衡的问题，为社会主义现代化建设奠定坚实的物质基础。

新发展理念立足于当前我国经济发展面临的新问题、新特点、新情况，有效回应了当前国内外经济发展的现状。从国内情况来看，随着发展成果的不断积累，在发展过程中面临的资源问题、环境问题和供给问题与以往相比变得更为复杂，迫切地需要以全新的发展模式为中国现代化建设开拓更为广阔的空间；从国际情况来看，随着中国与其他国家的经济交往关系日渐紧密，经济贸易中产生的新情况、新问题越来越复杂。这其中既包括构建公平正义、互利共赢的新秩序，也包括从人类的共同需要和未来出发，为更加美好的未来开展相互合作。因此，在时代呼唤、发展需要和培植优势的背景下，新发展理念不仅具有战略性、纲领性和引领性，也为提升我国发展内涵、顺应人民期待指明了方向。

当前，我国亟待培养一批具有前瞻性视角、掌握现代科学技术、理解未来经济结构转型必要性的新时代社会主义建设者。而大学生在上述领域具有不可或缺的作用，有必要深入生产基地，亲身感受新科学技术在工业领域应用的结果将对未来工业生产结构带来的潜在影响，领会以五大发展理念指导我国经济发展的必要性。因此，本实践将帮助大学生了解哪些新型生产技术、工业装备将会应用到未来的工厂生产中，理解为何要将创新放在五大发展理念之首，以及经济结构转型升级的迫切性。

3. 实践课内容

（1）学生和教师集体乘车自学校西南门先至慧谷工业园区，后到精武产业技术研究院。上车后，由主讲教师先简要介绍天津市、西青区、中

北镇的名称由来，再介绍天津工业大学的概况，最后简要介绍慧谷工业园区和精武产业技术研究院的总体情况。（15分钟）

（2）到达慧谷工业园后，全体人员进入天津斯沃姆科技发展有限公司工业生产实验室。主讲教师首先讲解"习近平新时代中国特色社会主义思想"的重要内容之一——"五大发展理念"的内涵：创新、协调、绿色、开放、共享。其中，重点阐述"创新发展"和"协调发展"的含义，对推动中国发展的重大意义，以及创新发展的实现途径。由此，引申出科技创新的实践基地——精武产业技术研究院。（15分钟）

（3）在慧谷工业园区，邀请天津斯沃姆科技发展有限公司的工程师给同学们介绍车间的工业设备（3D打印技术、无轨引导载具、数控机床等），展示工业生产流程，了解互联网技术应用到工业生产领域的最新动态。其间，工程师就学生们感兴趣的话题进行现场互动。（15分钟）

（4）学生和教师乘车共同前往精武产业技术研究院，在车上进行师生互动，请同学们谈谈技术创新和工业生产流程协同化对当代工业发展的重要意义。（8分钟）

（5）到达精武产业技术研究院。参观研究院和天津斯沃姆科技发展有限公司展厅。请天津斯沃姆科技发展有限公司的工程师介绍研究院的基本情况、斯沃姆公司的历史、研究的主要内容以及在本领域取得的重大成果。参观3D打印技术的实物成果，现场观看物联网中央控制平台模拟展示。其间，由工程师就学生们感兴趣的问题进行现场解答。（20分钟）

（6）课程总结。学生代表（2名）谈此次实践内容的感想。教师提问并让学生讨论：科学技术创新在供给侧结构性改革过程中具有怎样的意义？在这个背景之下，新时代大学生应当怎样做？学生代表（2名）谈此次实践的感想；主讲教师针对研究院的科技创新和学生的讨论，总结树立新发展理念对推进中国特色社会主义事业发展的现实意义，并布置实践作

业。（17分钟）

4. 实践课详案

各位同学，现在请大家上车。今天我们要前往两个地点，一个是精武产业技术研究院，一个是慧谷工业园区。这两个地方都位于天津市西青区精武镇。谈到天津，各位同学并不陌生。此处作为渡口始于隋朝（581—618）大运河的开通。在南运河和北运河的交汇处、现在的金钢桥三岔河口地方，史称"三会海口"，是天津最早的发祥地。

明建文二年（1400），朱棣率兵经直沽渡河南下夺取政权。天津作为军事重地，于永乐二年（1404）正式设卫，翌年设天津左卫，转年又增设天津右卫。从这时算起到现在，天津已经有600多年的历史了。几百年来，天津地区商业贸易发达，是南北商贾聚集的重要场所。新中国成立之后，党中央国务院历来重视天津地区的发展。天津的商业规模、工业水平在全国居于领先水平。改革开放以来，在京津冀一体化战略下，天津定位于高科技产业经济，其科学研究与试验发展经费投入规模位列全国前三位。目前，天津科研单位和结构布局得到不断细化和优化，发展产业涉及航空航天、生物医药以及信息产业等多个领域。

截至2022年，新兴产业活力不断释放，高产业技术（制造业）增加值比上年增长3.2%，快于全市规模以上工业平均水平。规模以上服务业中，新服务营业收入增长6.3%，科技服务业营业收入增长12.2%。新兴领域投资较快增长，高技术制造业投资增长10.0%，占全市制造业投资比重31.5%，比上年提高3.2个百分点；战略性新兴产业投资增长7.3%，占全市投资比重28.7%，比上年提高4.6个百分点。新产品产量快速增长，锂离子电池、城市轨道车辆产量分别增长15.3%和53.8%。天津发明专利授权11745件，同比增长59.2%。全市有效发明专利51162件，同比增长17.9%。2022年全市申请商标注册71347件，核准注册54955件。

精武镇地处京津冀黄金结合点，区位、交通、资源、人文、环境优势突出。它紧邻中心城区、海泰高新区和天津南站，拥有市级天津西青学府高新区（含国家自主创新示范区）。此外，它还拥有丰富的旅游和教育资源，如精武门·中华武林园等，以及天津工业大学、天津师范大学等十余所高校在镇内分布。镇域内河流众多，拥有生态、绿色、自然、野趣的郊野公园。

今天我们要参观两个地方：一个是慧谷科技园区，另一个是天津精武产业技术研究院。天津市慧谷科技园区占地面积535亩，建筑面积约45万平方米。园区分为两期规划建设，一期规划建设面积为24万平方米，有单层钢结构标准厂房和多层钢混复式厂房两种。慧谷科技园以机械制造、汽车配套、电子信息为主导产业，并积极发展现代服务业、模具、节能环保等潜在开发产业。天津工业大学精武产业技术研究院是由天津工业大学和精武镇政府合作共建，设立于天津市学府工业园。精武产业技术研究院集合天津工业大学学科和人才优势与精武镇区位优势，通过技术创新、科技成果转化、高科技企业孵化和专门人才培养，建设成为科技成果研发转化基地、高新技术企业孵化基地、高端人才汇聚和培养基地及大学生自主创新基地。

现在请大家下车，我们的实践课就此开始。我们今天要参观的地方是精武产业技术研究院和慧谷科技园区。在此次参观之前，我给每位同学预先布置了学习工作。第一项工作是了解我们此行要介绍的内容；第二项工作是思考供给侧结构性改革的必要性。此外，在参观的过程中，请大家在你的本子上认真记录你所看到和了解的内容。我们今天参观的天津斯沃姆科技发展有限公司的核心产品是什么？在工业生产控制方面，它的优势在哪里？这种生产优势将会对企业生产流程布控带来怎样的影响？

我们今天参观的天津斯沃姆科技发展有限公司是一家专业从事制造

业智能工厂（FSF）研究、开发和应用的公司。该公司通过向制造工厂提供专业化、标准化和高水准的工厂物联管理平台及解决方案，将企业信息化延伸至生产车间，直达最底层的生产设备，从而构建起数字化透明工厂。工厂物联管理平台的实时监控和预报警机制弥补了企业管理资源的不足，其详尽的原始数据通过提炼应用可以帮助制造企业快速、大幅度地降低制造成本，持续地提高管理水平、经营绩效和综合竞争力，实现传统制造业的转型升级。

该公司拥有强大的项目团队负责支撑。团队带头人陈瀚宁博士曾任中科院沈自所重大项目管理办公室主任；发表智能制造、3D打印领域相关科技论文80余篇，SCI收录论文40余篇，出版专著一部。此外，团队成员拥有深厚的工业工程、生产信息化、自动化等专业背景，拥有多年制造业信息化、MES以及制造大数据采集、处理和分析的研究与开发经验，产品的关键知识和技术源于中国科学院、天津工业大学、里海大学等国内外知名研究机构与高校，集成先进的生产管理理念与领先的信息化工具和手段，兼顾具有中国特色的制造企业信息化特点，在专业知识和技术上颇具市场竞争力。

大家在这里看到的实验车间，就是公司为验证数字化管理方案而设置的工程实验室，其中包含的3D打印设备、无人轨道运载车等设备都是公司实验数据的重要来源。所有这些成就的取得都印证了习近平总书记提出的"创新是引领发展的第一动力""发展是第一要务，人才是第一资源，创新是第一动力。中国如果不走创新驱动发展道路，新旧动能不能顺利转换，是不可能真正强大起来的，只能是大而不强""中国要强盛、要复兴，就一定要大力发展科学技术，努力成为世界主要科学中心和创新高地"。十八大以来，我们党确定的"创新、协调、绿色、开放、共享"的新发展理念中，创新排在首位。

创新永远是进行时，永远没有完成时，只有随着时代的变化、人民的需要，不断推陈出新，不断向前发展。习近平总书记指出："世界每时每刻都在发生变化，中国也每时每刻都在发生变化，我们必须在理论上跟上时代，不断认识规律，不断推进理论创新、实践创新、制度创新、文化创新以及其他各方面创新。"要勇于攻坚克难、追求卓越、赢得胜利，积极抢占科技竞争和未来发展制高点。这家企业之所以取得今天的成就，与团队成员立足市场和企业需求不断推陈出新、提供全新的服务密切相关。

比如说，在智能制造车间物联管理平台方面，企业生产的目标产品定位是面向未来智能工厂对于生产设备高度联网、生产过程一体化管控、产品全生命周期管理和高度数字化与智能化的具体要求，从软件、硬件、管理方式以及生产运作等多个层面打造面向离散制造工厂、车间智能工厂的总体解决方案。产品的软件平台设计起点高，是基于多年的企业管理软件实践经验之上，从无到有、一步一步设计开发的，从而避免了架构复杂、功能冗余等一系列的问题。

再比如，在智能制造装备产品方面，目前技术水平包括 3D 打印装备能够精细控制喷头与墨水的结合效果，实现墨滴的体积速度及成膜效果精细控制；开发出高精度 3D 电子打印样机，实现通用的、面向不同应用领域 3D 打印装备的打印控制系统开发平台产品；成功实现电子线路板中丝印层制备的新型喷墨打印工艺，实现超细栅高效太阳能电池绿色制备工艺进行研发。上述成果均达到国外同领域的先进水平，同时基本具备面向多个领域应用的核心技术基础。所以说，为什么要创新？因为占领制高点，因为要推陈出新，因为要提高核心竞争力，我们决不能把自己的幸福建立在别国的技术创新基础之上，那样的幸福是短暂的，是不可持续的。

由企业的实验车间，我们知道了创新发展是推动社会进步的第一动力，我留一个小问题，供给侧结构性改革的关键在哪里？大家一边继续我们的实践课，一边思考着，我最后请同学们回答。

接下来，我们由工程师为我们做现场演示和介绍。请大家注意看，也注意听工程师的讲解。好了，实验室参观就到这里。请大家上车，接下来我们去参观精武产业技术研究院。

在科技展厅，大家能够看到很多有趣的作品，这些作品都是 3D 打印设备制作出来的。随着这些设备的普及，未来人们日常工作的复杂程度将被极大简化。另外，这里还有一个中央控制平台，是利用大数据分析并制定最优生产方案的设备。下面我们请这里的工程师给大家做介绍。

据企业介绍，研发这个系统的团队工程师，形成一个由教授、副教授、高级工程师、工程师和研究生组成的大于 30 人的科研梯队。该团队近五年承担国家重点研发计划项目子课题、工信部智能制造综合标准化项目、国家自然科学基金等国家级课题 20 余项，累计到账科研经费 800 万元；与中科院沈阳计算技术研究所、南京中科煜宸激光有限公司、天津宜科电子、天津优瑞纳斯等知名院所、企业联合加强人才互动并建设产学研合作平台；建立了人工智能引领的智能制造创新创业平台、天津市双创人才交流合作中心，被教育部授予大学生创新创业平台，积极组织学生参加大学生创新创业大赛等活动。

短短不到 5 年的时间，他们和所有的中国成功企业一样，向世界证明了中国人的聪明才智。因此，归根到底，创新发展离不开人才的支撑。

小结：好的，课程即将结束，谁能回答我刚才提出的三个问题？（与学生互动）（前三名；工业生产中控平台；运用生产大数据对生产流程进行优化；有助于降低企业物料损耗，提高生产质量和效率）

好的，今天我们简单进行下总结。

一是为什么要创新？大家说为什么？对，是为了生存，为了发展。

习近平总书记提出的"惟创新者进，惟创新者强，惟创新者胜""不创新就要落后，创新慢了也要落后"的重要论断，是对我国当前经济社会发展之命脉的准确把握。纵观世界发展史，人类的一切文明成果，都是创新思维的胜利果实，都是创新智慧的结晶。大到一个国家、一个民族、一个政党，小到一个团队甚至一个人，大创新大成就，小创新小成就，不创新没成就。刚才通过参观企业，我们知道涂装研究所从无到有、从弱到强的发展靠的就是不断的创新。

二是为什么要进行供给侧结构性改革？中国经济经过多年的发展，在规模和数量上已经占据优势，但是在生产的质量方面还有很多需要改进的地方，特别是面对国际竞争，这就更加需要对原有的生产结构进行调整，以壮士断腕的勇气淘汰落后产能，逐步使生产结构向高质量生产体系转化，满足人民群众对美好生活的向往。因此，在结构性改革这条路上，我们就是要下决心鼓勇气，敢于打破一切技术方面、人才方面、制度方面的藩篱，走出一条符合未来发展趋势的新路。习近平总书记说，"树高叶茂，系于根深。自力更生是中华民族自立于世界民族之林的奋斗基点，自主创新是我们攀登世界科技高峰的必由之路"。中国人在西方国家高技术的围剿和限制之下，硬是自力更生实现了诸多技术领域的突破，有了中国人自己的航天事业、高铁事业、华为通信事业等高科技实业，将"国之重器、国之利器牢牢地掌握在中国人自己手里"，将"创新有未来"发挥得淋漓尽致。

三是怎么创新，创新的关键在哪里？关键在人才培养，敢于涉足科技发展的艰深领域。就像习近平总书记说的，"世上一切事物中人是最可宝贵的，一切创新成果都是人做出来的。硬实力、软实力，归根到底要靠人才实力"。但是，一个人行不行呢？当然不行，必须要靠团队的力量。俗话说，"浑身是铁能捻几颗钉？""三个臭皮匠赛过诸葛亮。"古往今来，我们记住了许多创新创造者的名字，但是忽略了他们每个人背后都需要他人的支持和协作。因此，树立协作共赢、集体主义的观念是我们攻坚克难、创新创造的法宝。总之，创新必须在充分发挥集体的力量下才能实现。

布置课后作业： 请根据调研天津斯沃姆科技发展有限公司的情况，以"科技创新是实现我国经济高质量发展的重要推动力"为题，撰写调研报告，报告字数不少于2000字，要求论证清晰，叙述流畅。

锦上禾农耕文化博物馆实践创新课教案

1. 实践基地介绍

锦上禾农耕文化博物馆成立于 2017 年 9 月，位于天津市宁河区板桥镇张子铺村。目前占地 450 亩，建筑及设施 10000 多平方米，包括：种植区、养殖区、加工区、观光区、艺术创意区和双创区、科普体验区等。该博物馆经常开展中小学生研学旅行活动、高等院校各相关专业的实习活动、农民专业培训、各界人士学习农耕文化、军训政治思想教育、中外非遗匠人艺人交流等活动。

锦上禾农耕文化博物馆采用"田园综合体的开发运营创新模型"，即田园综合体的开发运营主要从田园 +（挖掘乡村多种功能和价值）、新人群、新场景和新模式着手。田园 +：主要考虑现代农业、农业服务、创意创新、文旅康养的功能。现代农业是田园综合体的基础，四种功能相互作用形成了田园综合体的综合吸引力。现代农业主要关注具有品牌效应的传统优势农业、特色农产品、生态有机农业，关注科技含量高的立体农业、无土农业、工厂化养殖、光伏农业、循环农业等。农业服务涉及农业科技创新、农业技术交易、农业金融、农业咨询、会展商贸、冷链物流、农业电商和农业培训等业态，通过整合这些服务业态打造农业服务生态圈。创意创新从农、食、宿、行、游、购、娱、育等方面，可以发展出多样化的创意创新项目，包括创意农业产品、创意农业景观、创意农业饮食、创意农业文化、创意时尚消费等。文旅康养面向城市家庭亲子、休闲度假、养生养老市场，导入艺术、教育、亲子、康体、养生、养老、度假等功能，打造城市群内部可重复消费的休闲度假产品。新人群包括原住民、新居民、创客人群、旅游人群，致力于实现新人群的导入和培育，实现不同人群的和谐相处，形成新型乡村社区，进而促进城乡人口流动，改变乡村人口结构，培育新型职业农民，培育乡村创客人群，激活乡村各种资源，吸引乡村旅游人群，打造新型乡村社区和乡村旅游目的地。原住民解决就业和增收问题，成为产业工人和高端服务人员；用人才观念培育新农民，确保农民参与和受益，改善农民生产、生活环境，培育新型职业农民。新居民主要分为两类：一是以精英人士、城市"文青"等为核心，将乡村作为生活第二居所；二是以养生、养老人群为核心，将乡村作为养老首选地。创客人群主要分为两类：一是致力于创意农业、农业服务、乡村旅游等领域的创客人群；二是依托田园生态环境、低成本等优势，将乡村作为创新创业新平台的人群。旅游人群主要依托农业观光、文化体验、乡村休闲、田园度假等资源和功能项目，吸引城市消费人群回归田园生活，来乡村旅游、休闲、度假。新场景包括基础设施、建筑风格、环境风貌、公共服务、智慧管理等建设，致力于营造乡村的独特环境，满足现代生活方式的需求。基础设施包括道路建设和公共交通、水电气通信宽带设施、垃圾分类处理和资源化利用设施、生活污水处理设施、乡村厕所等。新模式需要政府、农村集体组织、农民合作社、乡村创客、社会资本、农民多方参与，致力于调动各方的积极性，同时确保农民利益，实现合作共赢。

2. 原理简介

对农耕文化博物馆的调研主要在概论课"推动社会主义文化繁荣兴盛"相关原理指导下进行，重点在于中华优秀传统文化。中华优秀传统文化，在我国五千多年文明发展历程中始终是中华民族赖以生存和发展的思想基础与道德根基，始终是中华民族赖以生存和发展的重要精神支柱与精神动力。农耕文化可以说是中华文化的根源文化，五千多年的文明史也就是五千多年的农耕史。本次实践教学主要是以农耕文化为例，讲述如何实现中华优秀传统文化在新时代的创造性转化和创新性发展。

3. 实践课内容

（1）学生、教师集体乘车自学校至锦上禾农耕文化博物馆。上车后，由主讲教师先简要介绍宁河的概况，再介绍锦上禾农耕文化博物馆概况。（20分钟）

（2）车至锦上禾农耕文化博物馆后，全体人员进入展厅，浏览展厅的介绍。（8分钟）

（3）参观完展厅，由主讲教师讲解习近平新时代中国特色社会主义思想的重要内容之一"坚定文化自信推动社会主义文化繁荣兴盛"的内涵。其中，重点讲述中华优秀传统文化。由此，引申中华优秀传统文化的根源文化——农耕文化，重点讲解如何实现中华优秀传统文化的创造性转化和创新性发展，进而引出锦上禾农耕文化博物馆。（20分钟）

（4）（播放宣传片）请锦上禾农耕文化博物馆的张老师给同学们介绍博物馆的详细情况、发展现状、重大成果及未来规划等。（10分钟）

（5）考察新式农业，主讲教师结合社会转型、农业现代化等讲述。（15分钟）

（6）课程总结。教师回答在来的路上预布置的问题；学生代表谈此次实践的感想；主讲教师针对博物馆的现实状况和学生的讨论，总结如何实现传统文化的创造性转化和创新性发展；布置实践作业。（15分钟）

（7）全体人员乘车返回学校。车上由主讲教师介绍天津工业大学"概论课"的实践基地情况，并分发相应资料。（20分钟）

4. 实践课详案

各位同学，大家中午好！我们现在出发，去宁河进行现场教学。首先，我想问一下班上有没有宁河的同学？有多少同学来自农村？又有多少同学参加过农业劳动？大家对农耕文化有什么了解？我们上课时讲到推动社会主义文化繁荣兴盛时，曾提到过对于传统文化而言，应该是实现它的创造性转化和创新性发展。毋庸置疑，农耕文化是中国最典型的传统文化，中国过去的社会是农业社会，基于农耕形成的各种文化，体现在中国传统文化的方方面面。我们今天要去的锦上禾农耕文化博物馆，就是对传统文化进行创造性转化和创新性发展的尝试，并且已经取得了诸多成就，到了现场，同学们会有更深刻的直观感受。

首先，大家稍微了解一下宁河的基本情况。宁河区于清雍正九年（1731）建置，隶属顺天府东路厅，先后归属河北省天津专区、河北省唐山专区，1973年8月至今隶属天津市管辖，2015年8月，国务院批复同意撤销天津市宁河县，设立天津市宁河区。宁河区位于天津市东北部，区域面积1296平方公里，其中行政管辖面积1031平方公里，耕地90万亩，辖14个乡镇283个行政村28个居委会，常住人口38万，其中农业人口28万，城区设在芦台镇。

宁河的区位优势明显，地处环渤海经济区核心区域，位居京津唐和曹妃甸工业区几何中心地带，与滨海新区接壤，连接线达70余公里；在天津整体空间布局中，与滨海新区一并纳入天津东部滨海发展带。交通环境优越。自古以来，宁河就是连接东北、华北的重要节点，京山铁路穿境而过，滨保、京津、唐津、津宁、塘承、津蓟等多条高速公路贯通全区，国道、省道和县乡公路四通八达。车程距天津港20分钟，距天津滨海国际机场30分钟，距北京国际机场60分钟，与天津中心城区、滨海新区核心区、唐山市区、曹妃甸工业区和北京整体纳入了1小时经济圈。自然资源丰富，拥有天津市1/30的人口、全市1/10的土地，人均占地面积居全市各区县之首；境内有5条一级河道、12条二级河道，常年地上蓄水达1.7亿立方米；坐落在境内的天津北部水源地，日供滨海新区优质饮用水8万吨；宁河自古就是"鱼米之乡"，银鱼、紫蟹、芦苇草被称为宁河"三宗宝"。人文底蕴深厚。依托得天独厚的自然和历史环境，宁河积淀了深厚的人文底蕴，文化繁荣，教育先进，名人辈出，汉语拼音创始人王照、我国"氢弹之父"于敏、中国台湾女作家罗兰、著名数学家冯克勤、著名画家周思聪和天津共产党组织创建者于方舟等，都是宁河人民的杰出代表。旅游资源特色明显。素有"津京肺叶"之称的七里海，被国务院列为国家级古海岸和湿地自然保护区，是世界上仅有的三处具有古海岸性质的湿地资源之一。宁河境内面积100平方公里，地下埋藏着7000多年前形成的、可与恐龙化石相媲美的大量海洋生物牡蛎化石，极具开发利用价值。此外，境内还拥有占地6000平方米的道教庙宇天尊阁，为天津市级文物保护单位。2018年，宁河区地区生产总值420亿元，公共财政预算收入21.26亿元，固定资产投资117.4亿元，居民人均可支配收入26492元。

我们要去的板桥镇，地处宁河区东北部，镇域面积50平方公里，有耕地2.7万亩，辖19个行政村，1.04万口人。板桥镇交通便捷，距天津机场70公里，距天津港口45公里，滨玉公路、唐廊高速穿越境内。板桥镇的传统农业优势明显，是宁河区蔬菜主产区。19个村被评为天津市无公害蔬菜生产基地，板桥镇被确定为天津市无公害蔬菜生产基地镇。注册的赵学牌西红柿销往京、津、唐等地区。

刚才说了，中华文明本质上是农业文明，在先秦时代，中国的主要区域是指黄河中下游一代，华夏族建国于黄河流域，以为自己居于天下中央之国，故而称为中国，周围区域被称为四方或者四夷。《诗经》有云："惠此中国，以绥四方。"秦始皇完成大一统后，以汉族为主体的中央集权国家建立，"中国"名称随之拓展，直至隋唐，"中国"仍指中原的王朝。自元代开始，随着疆域拓展，"中国"使用的区域在逐渐扩大，到清代乾隆年间，大体奠定了现在的疆域和"中国"一词的使用范围。

历史上，中国相对封闭的自然环境避免了中华文化因为外敌入侵而中断，同时导致了古代经济以农业为主，而非以商业或游牧业为主。农业经济的发展需要稳定的社会结构，稳定的社会结构逐步演变为家族系统、同村部落等模式。中国的特殊地理位置形成了有中国特色的农业文明和农耕文化，从中国人的思维方式到生活习俗，从社会道德规范到社会风气，从语言文字到村落建筑，从长城运河到古道小径，都体现着农耕文化的烙印。保护好传统农耕文化，汲取其中的积极因素，对于淳化民风、凝聚人心具有重要的作用。

说到农耕文化，主要指在农业生产实践活动中创造出来的与农业有关的物质文化和精神文化的总和，是中国劳动人民几千年生产生活的智慧结晶，反映并体现了中国传统农业发展中的思想理念、生产技术、耕作制度以及中华文明的内涵，它的形成和发展浸透着历代先贤的血汗，凝聚着中华民族的智慧。中国的传统农耕文化是世界上传播范围最广、传播人数最多的文化集成，是中华文明的源泉和传统文化的璀璨之星。对待传统的农耕文化要有敬畏之礼和敬仰之礼。先秦时期民间流传的《击壤歌》有云："日出而作，日入而息，凿井而饮，耕田而食。""自强不息""尊老爱幼""颗粒归仓""勤劳勇敢""春风化雨""润物无声"等词语背后体现的是农耕文明的精华和传承至今的品格。中国传统农耕文化的哲学内涵是"应时、取宜、守则、和谐"。中国传统文化的理想模式是"耕读传家"，希望人既能学会做人，又能谋生；既能从事稼穑，又能够养家糊口、以立性命，还能够知书达理、以立高德。

中国有着悠久的农耕文化，仅从一些和农耕相关的神话传说、典籍文献就能看出一二。距今5500—6000年前，神农氏即传说中的铲草兴锄的原始农业始祖。神农氏又称炎帝，开拓了中国古代的农业，成为传说中铲草兴锄的农业始祖。炎帝带领臣民们用智慧与勤劳告别了蛮荒时代，开辟了中华民族的农耕生活，创造了一个和谐、安乐、幸福的"稷丰谷源"。前770—前476年，春秋时期齐国思想家管仲撰写的《管子》一书共 86 篇，书中谈到"行其山泽，观其桑麻，计其六畜之产，而贫富之国可知也"，《管子》一书是研究我国春秋时期农业和经济的珍贵资料。前239 年，《吕氏春秋》一书由秦国丞相吕不韦组织集体编著，二十六卷，尤其珍贵的是《上农》《任地》《辨士》等篇，保存了大量的古代农业科学技术资料。533—544 年，北魏贾思勰撰写的《齐民要术》是中国保存得最完整的古农书巨著；《齐民要术》主要研究北魏时期的生产活动，"食为政首"是贯穿于《齐民要术》的主导思想，"起自农耕，终于醯醢，资生之业，靡不毕书"。达尔文在 19 世纪中叶撰写《进化论》时参考了此书。1313 年，王祯撰写的《王祯农书》，全书共 37 集，13 万字；书中所描述的 14 世纪的中国就已经有了很好的农业制度和高度发达的生产力。元王朝统治中国仅 97 年，但在我国农学史上留下了三部重要的农学著作即《农桑通诀》《百谷谱》《农器图谱》。1637 年，明朝宋应星撰写的《天工开物》一书，全书 18 卷，附有 123 幅插图，是世界上第一部关于农业和手工业生产的综合性著作，是中国古代一部综合性的科学技术著作，外国学者称它为"中国 17 世纪的工艺百科全书"。1705 年，蒲松龄撰写的《农桑经》一书，分《农经》71 则和《蚕经》21 则。《农经》是'月令'体，分别列举每月所应该做的农事活动；《蚕经》则按生产环节逐项论述。

作为中华文化之根的农耕文化不仅源远流长，今天仍然渗透在人们的生活中，特别是渗透在乡村生活的方方面面。农耕文化博大精深、内涵丰富，主要包括四个方面：第一是在顺应时间与节气等自然节律开展农业的生产周期中，所形成的农耕文化现象。比如，春种秋收、春华秋实等。第二是强调开展一切农业生产活动必须遵守的根本原则是因时、因地、因物制宜，这体现了农业生产要顺应自然。第三是在人与自然长期互动的过程中形成的实践原则，即准则、规范、秩序，这是农业生产中必须遵循的原则和规范，否则将受到自然的惩处。比如，人误地一天，地误人一年，说的就是生产中耽误一天，就会影响一年的收成。第四是强调在天时、地利、人和以及各种条件充分具备的情况下，才能实现风调雨顺、政通人和、人与自然的和谐。

习近平总书记非常重视我国的传统文化，提出要从农耕文明中提取精华，为现代化农业和现代化国家建设服务。在世界文明历史发展进程中，其他文明古国的历史都曾中断过，只有中国五千年的农业文明未曾中断，这为人类文明史留下了丰厚的农业文化遗产。我国庆丰收的历史文化悠久，有据可查的河姆渡种植水稻的历史可以延展到 7000 年，远古的先民在丰收的时候都需要举行活动，这些都构成了传统农耕文化的重要载体。但是随着工业化和城镇化的发展，传统的农耕文化与农耕文明逐渐远去，优良的农村风俗文化逐渐淡化，国家提出的乡村振兴战略，就应当包括文化的振兴，丰收节的设立可以为各地农耕文化的发展吹响集结号，也是全社会享丰收、助增收的节日。

宁河区的农耕文化有其形成的自然和社会背景。

地理因素。宁河区处于河流冲积平原区的前缘与海积冲积平原区交错地带，是由发源于燕山的还乡河、蓟运河、潮白河等河流逐渐淤积而成。地形平坦开阔，土壤层积深厚，潜在肥力较高。区境地势：中东部最高，西南最低，但差异不大。在平坦的平原地表，又呈现出波状起伏和形态多样的微地貌。

气候条件。宁河区虽濒临渤海，仍属大陆性季风气候暖温带，四季分明，春季干旱多风，夏季气温较高、雨水集中，秋季天高气爽，冬季较为干燥寒冷。全年主导风向为西南风，夏季为东南风，冬季为西北风。全年平均气温 11.2℃，平均湿度 66%。年平均降水量 642 毫米，70% 的降水量集中在 6、7、8 三个月。全年无霜期 240 天。

自然资源。水资源：宁河区地处九河下梢，地势低平开阔，水系发达，河渠密布。境内有一级河道 5 条、二级河道 10 条，总长 576.2 千米，蓄水量达 1.7 亿立方米。地热资源：宁河区境内有丰富的地热资源，具有埋藏浅、水质好、开发利用前景广阔等优势。粮食作物主要有水稻、小麦、玉米等。蔬菜有 90 类 33 个品种，果树资源有 13 类 38 个品种。野生动植物资源有 30 多科类 600 多个品种。

种植业。历史上的宁河区以种植粮食作物为主，党的十一届三中全会以后，逐步过渡到以种植业为主，形成林、牧、渔多种经济相应发展的商品生产型结构，以及为城市服务的城郊型农业结构，建立起粮食作物及畜牧水产品的大规模生产基地。区境共分 4 个农业经济区：东北部为杂粮经济作物区，北部为杂粮、油、牧区，中南部为稻麦粮食蔬菜区，西南部为粮苇渔区。宁河区还是国家确定的优质小站稻、棉花和商品粮生产基地。

农具农机。长期以来，全区农耕主要使用传统农具，如耢子、犁耙、砘子（碌碡）、粪叉、耧、锄、镰、水斗、水车、马车等。1953 年开始农具改革，全区试制和引进双行播种机、三齿耘耙、双轮双铧犁、插秧机、打稻机、脱粒机等。随着国营农场的建立，大型农业机器开始得到发展。改革开放后，农村经济体制也进行了改革，农机进入千家万户，到 20 世纪 80 年代中，户营农机率达 77.3%，机耕面积达 75% 以上，排灌、运输等基本上实现了机械化和半机械化。与此同时，宁河区开始进行农机新技术试验示范推广，如棉秆收获加工循环利用技术、机械化秸秆还田、深松作业、病虫草防治、免耕播种、激光平地机械化、残膜回收机械化等。

农田治理。明清时期，区内农田因含碱量高，人们用"围田"（排泄碱水）、"涂田"（挖甜水沟）等方法治碱。20 世纪 50 年代初，区境仍有盐碱地 63 万亩，占总耕地面积的 70%。1974 年开始大规模的治碱工程，首先是搞大型农田水利基本建设，县搞深渠，社搞支渠，队搞台田，平高垫洼，建成宽 30 米、长 250～300 米的整齐条形地块，能排能灌，以提高淋碱能力，达到农作物稳产高产的目的，至今依然受益。

一会儿我们进入博物馆，可以通过看图片和农具，感受到宁河农耕文化的特色。

（到达博物馆）现在请大家下车，现场教学就此开始。我要求同学们在头脑里有一个明确的问题意识，即传统的农业社会为何以及如何向现代的工业社会转型，作为第一产业，农业如何在现代社会实现现代化？

接下来，我们先观看一个视频，然后再请博物馆的张老师给我们就博物馆的创新模式进行讲解。我们在听讲的过程中，要好好思考锦上禾农耕文化博物馆是如何实现传统文化的创造性转化和创新性发展的？大家注意听讲。

（博物馆张老师讲解结束）我相信大家听了张老师的讲解，一定对刚才的问题有了答案。现在是互动时间，同学们如果在听讲的过程中有什么不明白的，可以向张老师请教。

小结：好的，课程即将结束，谁能回答我刚才的问题？（与学生互动）就像有同学说的，实现传统文化的创造性转化和创新性发展，可以通过文化事业，也可以通过文化产业，当然也可以二者结合。总的原则应该是批判继承，古为今用。只有实现了包括农耕文化在内的传统文化的创造性转化和创新性发展，才能真正推动社会主义文化的繁荣兴盛，才能为实现中华民族伟大复兴的中国梦提供精神力量。

布置课后作业：以农耕文化为例，谈谈如何实现中华优秀传统文化的创造性转化和创新性发展，写一篇 2000 字左右的实践基地的学习感受。

天同养老院实践创新课教案

1. 实践基地介绍

天同养老院始建于 2009 年，坐落在天津市津南区小站镇，是集预防、医疗、护理、康复、养老、娱乐、临终关怀为一体的综合性养老服务机构。院内设有天同医院，为医保定点一级医院。天同养老院共占地 60 亩，建筑面积 33000 平方米，设有床位 1000 张。天同养老院突出医养结合特色，重点为失能老人开展医疗护理、生活照料等服务，以"康复一人，幸福全家"为天同人的使命。天同养老院把"尊老、爱老、敬老"文化作为生存与发展的核心，要求并培养每一位员工具有爱心与孝心。在敬老爱老的践行过程中，天同养老院得到了社会各界的广泛支持。

2. 原理简介

《毛泽东思想和中国特色社会主义理论体系概论》2018 年版第十章第四节第一部分的第三点——加强社会保障体系建设。社会保障体系发挥兜底作用，保障全体社会成员基本生存与生活需要，要全面建成覆盖全民、城乡统筹、权责清晰、保障适度、可持续的多层次社会保障体系。全面实施全民参保计划。完善城镇职工基本养老保险和城乡居民基本养老保险制度，完善城乡居民基本医疗保险制度和大病保险制度，完善失业、工伤保险制度，建立全国统一的社会保险公共服务平台。统筹城乡社会救助体系，完善最低生活保障制度。完善社会救助、社会福利、慈善事业、优抚安置等制度，健全农村留守儿童和妇女、老年人关爱服务体系。

3. 实践课内容

（1）上午，参加实践课的同学在天津工业大学东门外上车，集体乘车去天同养老院。在乘车过程中，教师向学生介绍全国和天津市养老机构相关情况。

（2）学生分成6个小组，同老人们互动。每个小组参与一项活动。具体包括：①同老人一起唱歌；②同老人在室外进行套圈活动；③同老人一起做手工；④同老人练习书法；⑤同老人喝茶聊天；⑥听老人讲红色故事。

（3）学生集体在天同养老院工作人员带领下，参观全国第一家中华孝道传承馆。

（4）参观活动结束后，在天同养老院一楼活动室，教师请学生谈此次社会实践的感想，并给学生上社会实践总结课。

（5）任课教师作总结，对学生提出具体要求，布置社会实践作业。

（6）集体乘车回学校。

4.实践课详案

（1）任课教师带领学生集体乘车至天同养老院。在行程中，任课教师介绍全国及天津市的养老情况。截至2022年末，我国60岁及以上人口为2.8亿人，占全国总人口的19.8%；其中65岁及以上人口为2.1亿人，占全国总人口的14.9%，老龄化在逐步加剧。天津市60岁及以上常住老年人有306万，占比22.29%，人口老龄化程度较高、发展形势较为严峻；天津市65岁以上户籍老年人口超过156万，已进入深度老龄化社会。在机构养老层面，天津市开展了养老院服务质量建设专项行动，养老机构基础性指标合格率已达70%以上，管理服务质量类指标合格率已达到90%以上。

（2）学生到达天同养老院后，教师邀请天同养老院负责人为学生讲解天同养老院的办院理念、基本情况、发展历史、特色项目。天同养老院始建于2009年，位于全国新农村建设示范镇的天津市津南区小站镇，是集养老、医疗、护理、康复、营养、娱乐、临终关怀为一体的综合性养老服务机构。院内设有天同医院，医院为医保定点一级医院。天同养老院共占地60亩，建筑面积33000平方米，设有床位1000张，在院老人600多位。天同养老院紧密围绕自理、介助、介护老人的医、食、住、行、乐五大模块开展工作。天同养老院突出医养结合特色，重点为失能老人开展医疗护理、生活照料等服务，以"康复一人，幸福全家"为天同人的使命。天同养老院现有员工300余人，形成了一支专业化、规范化的养老团队，包括法务团队、医护团队、护理团队、行政后勤团队等。

在健康老龄化目标的指导下，天同养老院做了以下尝试：一是注重预防保健。天同养老院将600多位住养老人的健康管理信息存入数据库，永久保存，随时调用，同时借助智能平台，实现远程专家会诊功能。二是常见疾病在院治疗。天同养老院600多位住养老人的疾病80%可以在院中得到及时有效的处理，只有20%需要转到上一级医院进行治疗。医养结合不仅仅解决老人看病难的问题，更重要的是可以在老人生命危急时刻给予及时介入，从而抓住急救黄金期，挽救老人生命。三是失能老人在院康复。针对失能老人，天同养老院突出"康复养老"的理念，即在天同医院设置康复训练部门，使脑中风偏瘫、神经外科术后、骨科术后、帕金森综合征、截瘫和小儿脑瘫的患者及失能老人在院中享受到养老服务的同时得到康复训练。四是为老人提供优质护理。在医养结合模式引导下，医护人员、护理员、营养师、社会工作者组成专业团队，为住养老人制定并实施个性化计划。五是强调心理护理。天同人也在护理工作中调整思路，在护理过程中细化环节，找出老人什么是力所能及的、什么是需要辅助的、什么是完全不能自理的部分。比如，面对一个因手臂瘫痪而无法自己吃饭的老人，护理员就会把调羹放在老人的手中，再握住老人的手，然后拿着老人的手一起从碗中把饭送到老人的口中，同时护理员还会及时给予鼓励。

（3）组织学生一行在天同养老院工作人员带领下，参观天同养老院建设的全国第一家中华孝道传承馆。中华孝道传承馆坐落于小站镇天同养老院内，总占地面积2000平方米，总投资一千余万元，整体装修采用了中国传统徽派建筑风格。该馆由门厅、红色家风展览厅、党员活动室、孕育新生厅、多媒体展厅、生如四季厅、邻里大院展厅、旧日家当展厅、享天年厅、奉茶厅、竹间厅、天同书院、藏经阁、文体活动区等十多个集展示、参与互动为一体的功能区组成。带领学生实地参观中华孝道传承馆的相关实物、字画、图片、影院，体验母亲怀胎十月的艰辛，增强学生对中华传统孝文化的理解，增强学生对敬老、孝老、乐老的认识。该馆打破以往博物馆教科书式的乏味与单调，通过多种高科技的声、光、电结合的多媒体全息影像技术强化了展陈效果，各功能区被赋予了故事性与话题性的情怀场景，不一样的体验给观者带来了耳目一新与身临其境的感受。

（4）将学生分成6个小组，每个小组选择以下一个活动类型与天同养老院老人进行互动和交流，让学生充分了解老年人的生活，更加走近老年人的内心世界。具体活动包括：

①组织学生同老人一起唱歌。学生们把准备好的歌曲《我和我的祖国》《外婆的澎湖湾》等演唱给老人们听，调动老人参与唱歌活动的积极性。随后，同学们和老人们一起歌唱老人们喜欢的怀旧歌曲，在欢唱中拉近距离、增进友谊。

②组织学生同老人一起玩户外游戏。组织学生们和老人在户外进行简单的套圈比赛，通过简单的游戏，拉近学生与老人间的距离，丰富老人的老年生活。

③组织学生同老人一起做手工。组织学生同老人一起做剪纸、树叶标本等，让学生向老人虚心学习和请教，在学习过程中提升老人们的成就感。

④组织学生同老人一起练习书法。邀请老人和学生一起练习书法，

请老人给学生讲解书法的精妙，在练习书法的一笔一画之间加深学生对中华优秀传统文化的理解，增强学生对中华孝道文化的感悟。

⑤邀请老红军给学生们讲红色故事。邀请参加抗日战争、解放战争的老人给学生们讲述当年参加革命战争的真实故事，引导学生继承和发扬我党、我军的优良传统，勇做不怕困难、艰苦奋斗、敢于担当的新时代大学生。

⑥组织学生同老人聊天。要求学生把学校、社会上发生的新鲜事讲给老人们听，并认真倾听老人对他们的嘱托；鼓励学生给老人们讲解如何使用智能手机、上网聊天等，帮助老年人掌握简单现代信息技术，运用现代沟通工具；引导学生倾听老人的心声，帮助老人解决心理上的困惑，走入老人的内心世界，丰富老年人的精神生活。

（5）活动结束后，任课教师请学生畅谈参加此次社会实践的感想，引导学生深刻认识此次社会实践活动的现实和理论意义，激发学生从传承我国优秀的孝道文化、参与社会养老机构建设、投身社会养老事业发展等角度，畅谈参加此次社会实践活动的意义。

（6）任课教师总结此次现场参观和实地实践：

高龄老人、空巢老人、失独老人、失能老人与日俱增，再加上家庭结构小型化和家庭养老功能的弱化，老有所养的问题日益凸显、牵动人心。

党和国家非常重视社会建设，国家发展改革委等18部门联合发布的《加大力度推动社会领域公共服务补短板强弱项提质量 促进形成强大国内市场的行动方案》明确，全面放开养老服务市场，加快建立全国统一的养老服务质量标准和评价体系，到2020年，全面实施全国养老机构服务质量等级评定工作。该方案明确，取消养老机构设立许可，支持境内外资本投资创办养老机构，落实同等优惠政策。深化非营利性养老机构登记制度改革，允许养老机构依法依规设立多个服务网点，实现规模化、连锁化、品牌化运营。鼓励民间资本对企业厂房、商业设施及其他可利用的社会资源进行整合和改造后，用于养老服务。开展城企协同推进养老服务发展行动计划。到 2022 年，全面建成以居家为基础、社区为依托、机构为补充、医养相结合，功能完善、规模适度、覆盖城乡的养老服务体系，社区日间照料机构覆盖率大于 90%，居家社区养老紧急救援系统普遍建立，"一刻钟"居家养老服务圈基本建成。

结合天津市乃至全国的养老机构发展现状，以及此次社会实践的相关情况，大家可以从以下几个方面思考如何加快我国养老机构的发展：

一是降低医养结合准入门槛，走医养结合之路。研究制定养老机构深化改革措施，尽快落实养老机构医疗保险报销等优惠政策，让医疗资源渗透到养老机构中去。这对于养老机构的发展和入住率的提高，特别是对于花费较高的失能老人和农村老人非常有益。推行医养结合服务模式，缓解有养无医、医养分离等突出问题，确保老年人进得来、留得住，促进政府供养和社会养老的融合发展。

二是规范养老机构发展市场，强化对养老服务行业监管。政府应尽快出台关于养老机构的法律法规，让养老机构有法可依，在降低养老机构投资风险的同时，让真正热忱养老事业的个人安心地去发展养老机构。规范养老机构发展市场，严禁有意套取国家扶持政策的个人进入。全面贯彻落实低保老人、失能老人和"三无"老人的福利保障政策，坚持建管并举，强化行业监督。结合养老市场需求，进行养老机构标准化建设。拓展服务项目，加强收费监管，探索公办养老机构共建，民营、民办养老机构委托租赁合作经营，推进养老机构的科学化、法律化、精细化、品牌化经营。

三是加强护理人才队伍建设，加大对护理人员培训力度。养老服务队伍素质的高低，直接决定了养老服务的质量，建立健全养老护理服务人员的培训、使用、评价、激励等工作机制，研究制定大中专毕业生从事养老服务行业的激励机制，全面加强养老服务队伍建设，提高养老服务人员的工资和社保待遇，充分调动其工作的积极性和主动性。鼓励医学院校特别是高职院校开展养老护理专业，培养专业素质人才，以满足养老机构的需要。

四是适时发展智能化养老。依托智能建筑体系、立体智能信息平台、医养一卡通、"华龄健康 365 工程"暨全国老年健康智能管理云平台、环联网居家健康养生平台、智能陪护机器人，形成一种便捷、高效的"嵌入式"医养结合的智能化养老机制。逐步实施老人实时定位、实时追踪、出入门禁、实时报警求助、远程医疗系统等上线管理，实现对老人个性化的全方位、全时段、立体的跟踪服务。

布置课后作业： 国家把"老有所养"作为"七有"社会建设的目标之一，就我国养老机构发展提出了很多政策和措施。大家要结合这次社会实践，并根据讲课中社会建设的相关理论，积极思考以下3个问题：

1. 作为当代大学生，如何传承和弘扬中华优秀孝文化，尽到为人子女的应有责任，并做到老吾老以及人之老，让社会充满孝心。

2. 国家如何进一步制定更为有效的政策和措施，规范社会养老机构，建立更好养老模式，让老年人能够享受更加优质便捷的养老服务。

3. 积极思考如何结合自己专业知识，发挥好专业优势，为社会提供更多的养老服务和产品。

天津宝坻人民法院"全面依法治国"实践创新课教案

1. 实践基地介绍

天津市宝坻区人民法院位于宝坻区潮阳大道与宝平公路交口处西侧，辖区面积 1450 平方公里，辖区人口 85 万余人。法院办公区域面积 5920 平方米，审判区域面积 5000 平方米。法院内设机构 17 个，派出法庭 6 个，在职法官干警及其他工作人员 200 余人。

法院机构：内设刑事审判第一庭、未成年人刑事案件审判庭、民事审判第一庭、民事审判第二庭、民事审判第三庭、行政审判庭、审判监督庭、执行一庭、执行二庭、告诉立案一庭、告诉立案二庭（诉讼服务中心）、审判管理办公室、研究室、办公室、政治处、法警大队、监察室等 17 个机构，另设大口屯、林亭口、大钟庄、大白庄、史各庄、方家庄等 6 个人民法庭。

法院建设：近年来，宝坻区人民法院在区委的坚强领导下，在区人大及其常委会和上级法院的监督、指导下，以习近平新时代中国特色社会主义思想为指引，认真学习贯彻党的十九大精神，牢牢把握司法为民公正司法主线，紧紧围绕"让人民群众在每一个司法案件中都感受到公平正义"目标，狠抓执法办案第一要务，着力推进司法改革、司法为民和队伍建设，各项工作取得了显著成果，为推动宝坻高质量发展提供了有力的司法保障。2002 年 7 月、2003 年 12 月分别被最高人民法院授予"全国人民满意的好法院"和"全国模范法院"荣誉称号，并分别荣立集体一等功；2007 年被天津市高级人民法院评为"天津市法院系统先进集体"；2008 年被天津市高级人民法院评为"天津市法院系统先进集体"，荣立集体三等功；2009 年荣立集体三等功，2011 年受到天津市高级人民法院嘉奖；2012

年被天津市高级人民法院评为优秀法院，并荣立集体二等功；2016 年被天津市高级人民法院评为"2015 年度司法标准化达标示范法院"。

2. 原理简介

《毛泽东思想和中国特色社会主义理论体系概论》2018 年版第十一章"'四个全面'战略布局"中的第三节"全面依法治国"。新中国成立以来，为了发展社会主义民主、建设社会主义法治，党带领人民进行了不懈探索，取得了巨大成就，也走了一些弯路。改革开放以来，党汲取历史的经验教训，始终高度重视法治建设。党的十一届三中全会明确提出"发展社会主义民主、健全社会主义法制"的重大方针。党的十五大明确把依法治国确立为治理国家的基本方略，把建设社会主义法治国家确定为社会主义现代化建设的重要目标。1999 年 3 月，九届全国人大二次会议通过的《中华人民共和国宪法修正案》将"依法治国"正式写入宪法。2014 年 10 月，党的十八届四中全会通过了《关于全面推进依法治国若干重大问题的决定》，明确提出全面推进依法治国，全面依法治国总目标是建设中国特色社会主义法治体系，建设社会主义法治国家。2017 年 10 月，党的十九大明确提出，全面依法治国是中国特色社会主义的本质要求和重要保障。全面依法治国，努力让人民群众在每一个司法案件中感受到公平正义。通过在该实践基地的学习，学生亲身感受坚定不移走中国特色社会主义法治道路的现实意义。

3. 实践课内容

（1）学生和教师集体乘车自学校至天津宝坻人民法院。在车上，主讲教师先简要介绍天津宝坻人民法院的情况，再介绍"中国特色社会主义法治道路"五大基本原则。（15 分钟）

（2）车至天津宝坻人民法院后，全体人员进入二楼的审判庭，王文海庭长给同学们介绍宝坻人民法院在履行宪法和法律赋予的职责、审判工

作、司法管理和队伍建设等方面的情况。（王文海，5分钟）

（3）旁听裴悦杰法官审理"普凡英起诉马秋成机动车交通事故责任纠纷案"。（40分钟）

（4）裴悦杰法官与同学们进行互动交流。（10分钟）

（5）主讲教师主讲"深化依法治国实践"。（10分钟）

（6）课程总结，学生代表谈此次实践的感想；布置实践课作业。（10分钟）

（7）全体人员乘车返回学校。

4. 实践课详案

（线路：车从天津工业大学出发）

同学们，下午好。今天我们讲《毛泽东思想和中国特色社会主义理论体系概论》2018年版第十一章第三节"全面依法治国"。我们这次上实践创新课，实践基地是天津宝坻人民法院。

（1）主讲教师给大家介绍实践基地的情况。

（2）因为到基地以后，时间安排紧凑，所以，在到基地之前，我简要介绍"中国特色社会主义法治道路"五大基本原则。

全面依法治国必须坚持中国共产党的领导。党的领导与依法治国是高度统一的。党的领导是中国特色社会主义最本质的特征，是社会主义法治最根本的保证。坚持中国特色社会主义法治道路，最根本是坚持中国共产党的领导。要把党的领导贯彻到依法治国全过程和各方面。坚持党的领导，必须具体体现在党领导立法、保证执法、支持司法、带头守法，把依法治国同依法执政统一起来。

坚持人民在全面依法治国中的主体地位。坚持法治为了人民、依靠人民、造福人民、保护人民。保证人民在党的领导下，依照法律规定，通过各种途径和形式管理国家事务，管理经济和文化事业，管理社会事务。

把体现人民利益、反映人民愿望、维护人民权益、增进人民福祉落实到依法治国全过程，使法律及其实施充分体现人民意志。

坚持法律面前人人平等。在立法、执法、司法、守法各个方面体现人人平等，任何组织和个人都必须尊重宪法、法律权威，都必须在宪法、法律范围内活动，都必须依照宪法、法律行使权力或权利、履行职责或义务，都不得有超越宪法、法律的特权，任何人违反宪法、法律都要受到追究。

坚持依法治国和以德治国相结合。法律是成文的道德，道德是内心的法律。法律和道德都具有规范社会行为、调节社会关系、维护社会秩序的作用，在国家治理中都有其地位和功能。治理国家、治理社会必须一手抓法治、一手抓德治，实现法律和道德相辅相成、法治和德治相得益彰。

坚持从中国实际出发。全面依法治国，必须从我国实际出发，同推进国家治理体系和治理能力现代化相适应，突出中国特色、实践特色、时代特色。要学习借鉴世界上优秀的法治文明成果，但必须坚持以我为主、为我所用，认真鉴别、合理吸收，不能搞"全盘西化"，不能搞"全面移植"，不能照搬照抄。

（3）到宝坻人民法院之后，我们将请王文海庭长给同学们介绍宝坻人民法院在法治建设方面的情况。结合我刚才讲的中国特色社会主义法治道路五大基本原则，请同学们思考、比较中国特色社会主义法治道路的五大基本原则是否在宝坻人民法院建设中充分地体现出来了。

（4）在宝坻人民法院二楼会议室，王文海庭长给同学们介绍宝坻人民法院在履行宪法和法律赋予的职责、审判工作、司法管理和队伍建设，提升审判质效和队伍素质，维护社会公平正义，为促进辖区经济社会发展，维护社会和谐稳定等方面的贡献。

同学们，听完王庭长的介绍，我们更深入地理解建设中国特色社会主义法治道路，必须坚持中国共产党的领导，必须坚持人民在全面依法治国中的主体地位，必须坚持法律面前人人平等。如果说，王庭长的介绍使同学们在宏观上深入理解了怎样建设中国特色社会主义法治道路，那么，下面我们再旁听庭审，直观地感受怎样建设中国特色社会主义法治道路。

（5）旁听裴悦杰法官审理"普凡英起诉马秋成机动车交通事故责任纠纷案"，观看整个民事诉讼庭审流程：开庭、法庭调查、法庭辩论、法庭调解、当事人最后陈述、宣判这六个阶段。

庭审之后，裴悦杰法官与同学们就怎样在诉讼过程中保证原告、被告双方当事人的公平正义进行互动交流。

（6）刚才同学们旁听了裴悦杰法官审理"普凡英起诉马秋成机动车交通事故责任纠纷案"的全过程，就保证原告、被告双方当事人的公平正义问题进行了互动交流。下面我们再讲一讲"深化依法治国实践的重点任务"。

全面依法治国，总目标是建设中国特色社会主义法治体系，建设社会主义法治国家。习近平强调，这个总目标既明确了全面推进依法治国的性质和方向，又突出了全面推进依法治国的工作重点和总抓手，对全面推进依法治国具有纲举目张的意义。全面依法治国必须坚持厉行法治，推进科学立法、严格执法、公正司法、全民守法，推进中国特色社会主义法治体系建设，全面深化依法治国实践。

第一，推进中国特色社会主义法治体系建设。建设中国特色社会主义法治体系，首先是要完善以宪法为核心的中国特色社会主义法律体系。维护宪法尊严、权威，健全宪法实施和监督制度。加快完善法律、行政法规、地方性法规体系，完善包括市民公约、乡规民约、行业规章、团体章程在内的社会规范体系，为全面依法治国提供基本遵循。完善立法体制，深入推进科学立法、民主立法，抓住提高立法质量这个关键。依据宪法治国理政，坚决纠正一切违反宪法的行为。按照有法必依、执法必严、违法必究的要求，加快建设执法、司法、守法等方面的体制机制，坚持依法行政和公正司法，增强全民法治观念，确保法律的全面有效实施。其次是要建立严密的法治监督体系。以规范和约束公权力为重点，加大监督力度，加强党内监督、人大监督、民主监督、行政监督、司法监督、审计监督、社会监督、舆论监督，努力形成科学有效的权力运行制约和监督体系，增强监督合力和实效，做到有权必有责、用权受监督、违法必追究。再次是要进一步健全法治保障体系。切实加强和改进党对全面依法治国的领导，提高依法执政能力和水平，为全面依法治国提供有力的政治和组织保障。加强法治专门队伍和法律服务队伍建设，加强机构建设和经费保障，为全面依法治国提供坚实人才保障和物质条件。改革和完善不符合法治规律、不利于依法治国的体制机制，为全面依法治国提供完备的制度保障。弘扬社会主义法治精神，增强全民法治观念，完善守法诚信褒奖机制和违法失信行为惩戒机制，使尊法守法成为全体人民的共同追求和自觉行动。最后是要加强党内法规制度建设。党内法规既是管党治党的重要依据，也是建设社会主义法治国家的有力保障。完善党内法规制定体制机制，注重党内法规同国家法律的衔接和协调，构建以党章为根本、若干配套党内法规为支撑的党内法规制度体系，提高党内法规执行力。

第二，深化依法治国实践。

加强宪法实施和监督，推进合宪性审查工作，维护宪法权威。合宪性审查：依据宪法，对宪法以下的法律文件是否符合宪法进行的审查。这是以习近平同志为核心的党中央全面推进依法治国的一项重要制度安排，也是以习近平同志为核心的党中央"依宪治国"新理念新思想新战略的一项重要举措。按照党的十九大要求"推进合宪性审查工作"，将会带来法治建设领域的深刻变革，能够让法治原则和法治精神真正落到实处，彻底解决束缚法治建设的瓶颈问题，为保障法治统一性、维护宪法权威提供坚实的政策依据和行动指引。

推进科学立法、民主立法、依法立法，以良法促进发展、保障善治。党的十九大报告提出把依法立法与科学立法、民主立法并列为立法原则，这是立法原则上的一大变化，其核心问题就是要解决法出多门、通过法来逐利、部门利益和地方保护主义法律化等问题。依法立法要求立法部门在立法的时候，一定要遵守宪法、法律设定的程序和实际权力的授权界限。立法部门只有做到科学立法、民主立法、依法立法，才能真正实现宪法、法律至上，法律面前人人平等，最后实现通过良法促进发展、保障善治。

建设法治政府，推进依法行政，严格规范公正文明执法。推进依法行政，重点是解决执法不规范、不严格、不透明、不文明以及不作为、乱作为等突出问题。要以建设法治政府为目标，建立行政机关内部重大决策合法性审查机制，积极推进政府法律顾问制度，推进机构、职能、权限、程序、责任法定化，推进各级政府事权规范化、法律化。要全面推进政务公开，强化对行政权力的制约和监督，建立权责统一、权威高效的依法行政体制。要严格执法资质、完善执法程序，建立健全行政裁量权基准制度，确保法律公正、有效实施。

深化司法体制综合配套改革，全面落实司法责任制，努力让人民群众在每一个司法案件中感受到公平正义。自从十八届三中全会提出"深化司法体制改革，加快建设公正高效权威的社会主义司法制度"以来，司法体制改革总体框架已基本搭成，一些重要改革已经完成，但这并不意味着司法体制改革已经完全到位。改革越深入，越要注意综合配套、协同推进。司法改革中每一项改革措施都是牵一发而动全身，必须更加注重各项改革举措的协同性、联动性和配套性，实现改革的系统集成、整体推进。司法责任制对提高司法质量、效率和公信力具有决定性影响，必须不断总结完善协同机制，使司法责任制切实落地落实落细，充分发挥改革整体效能。

加大全民普法力度，建设社会主义法治文化，树立宪法、法律至上及法律面前人人平等的法治理念。推进全民守法，必须着力增强全民法治观念。要坚持把全民普法同守法作为依法治国的长期基础性工作，采取有力措施，加强法治宣传教育。要健全公民和组织守法信用记录，完善守法诚信褒奖机制和违法失信行为惩戒机制，形成守法光荣、违法可耻的社会氛围，使尊法守法成为全体人民共同追求和自觉行动。

领导干部和党员要带头尊法学法守法用法。领导干部要把对法治的尊崇、对法律的敬畏转换成思维方式和行为方式，做到法治之下而不是法治之外更不是法治之上想问题、作决策、办事情。党纪国法不能成为"橡皮泥"、"稻草人"，违纪违法行为都要受到追究。

小结： 今天的实践创新课即将结束，回顾来的车上，我们讲了中国特色社会主义法治道路的五大基本原则：全面依法治国必须坚持中国共产党的领导；坚持人民在全面依法治国中的主体地位；坚持法律面前人人平等；坚持依法治国和以德治国相结合；坚持从中国实际出发。来到宝坻人民法院之后，同学们听了王文海庭长的介绍，深切感受到这些基本原则在宝坻人民法院的建设中都得到了充分的体现。在司法实践上，同学们旁听了裴悦杰法官审理"普凡英起诉马秋成机动车交通事故责任纠纷案"，充分了解了整个审判流程：开庭、法庭调查、法庭辩论、法庭调解、当事人最后陈述、宣判这六个阶段。

庭审过程中的每个环节给予原告、被告双方当事人以充分的权利陈述自己的观点和理由，以保证诉讼过程中的公平正义。依法治国实践就是努力让人民群众在每一个司法案件中感受到公平正义。作为大学生，我们要坚定不移走中国特色社会主义法治道路，尽管各位同学的专业不是法学专业，但在社会生活中，要做到尊法、学法、守法、用法，积极为建设中国特色社会主义法治国家发挥应有的作用。

（7）全体人员乘车返回学校。

布置实践课作业：以"宝城人民法院社会实践"为主题，写一篇 2000 字左右的实践基地学习感受。

武警天津总队机动支队实践创新课教案

1. 实践基地介绍

武警部队全称为中国人民武装警察部队，它是一支担负国家赋予的国家内部安全保卫任务的部队，也是中国特色现代军事力量体系的重要组成部分。武警部队作为党领导的人民武装力量的重要组成部分，成立于 1982 年 6 月，前身是中国人民公安中央纵队，始建于 1949 年 8 月。自 2018 年 1 月 1 日零时起，中国人民武装警察部队由党中央、中央军委集中统一领导，实行中央军委—武警部队—部队领导指挥体制。武警部队职能属性不变，不列入解放军序列。武警部队的主要职能体现在执勤安保、处突维稳、反恐突击、抢险救援、应急保障、空中支援力量等多个方面。

武警天津总队前身为 1948 年从冀中、太行等 5 个军区抽组建立的华北补训团，曾转战绥远、鏖战华北，先后参加辽沈、平津战役，为建立和保卫新中国立下了卓越功勋。1969 年，部队从科尔沁草原调防天津城区，1983 年正式组建为中国人民武装警察部队天津市总队。2018 年 1 月，根据党中央、习近平主席命令，总队再次改革整编，成为驻守天津、拱卫首都的重要武装力量。党的十八大以来，总队先后圆满完成东亚运动会、夏季达沃斯论坛、第十三届全运会安保，以及天津港"8·12"特大火灾爆炸事故救援、蓟州"3·9"山火扑救等任务，连续 16 年实现执勤无事故。武警天津总队先后有 11 个单位被武警部队授予"精神文明先锋中队""南开铁拳"等荣誉称号，5 个单位被武警部队表彰为基层建设标兵单位，5 人荣膺"中国武警十大忠诚卫士"。本次实践教学的基地为武警天津总队某机动支队的大院，这是该支队进行理论学习、培训和对外交流的重要场所，另外该支队在我市某区还有一处实战化的训练基地。

2. 原理简介

本次实践教学涉及我们教材第十二章"全面推进国防和军队现代化"的相关内容。武警部队是我国构建中国特色现代作战体系的重要组成部分，与本章密切相关。第一节"坚持走中国特色强军之路"中"习近平强军思想""坚持党对人民军队的绝对领导""建设世界一流军队"等相关内容，都与武警部队的建设密切相关。第二节"推动军民融合深度发展"中"加快形成军民融合深度发展格局"也与我们本次实践教学的主题紧密相关。全面推进国防和军队现代化是习近平强军思想的重要内容。习近平强军思想深刻回答了"新时代建设一支什么样的强大人民军队、怎样建设强大人民军队"的时代课题，强国必须强军，巩固国防和强大人民军队是新时代坚持和发展中国特色社会主义、实现中华民族伟大复兴的战略支撑。本次实践教学，可以使同学们通过对武警部队的了解，加深对习近平强军思想的理解，做到理论与实践相结合；可以使同学们进一步理解强国与强军的关系，懂得中华民族的伟大复兴需要强大的人民军队做支撑；还可以使同学们理解军民深度融合发展对国防和军队现代化建设的重要意义。

3. 实践课内容

（1）学生、教师自学校东门出发集体乘车至武警天津总队机动支队。上车后，由主讲教师先简单介绍本次现场教学的内容；再介绍本次所考察的地点武警天津总队机动支队，尤其强调纪律问题，不准拍照、不准录像、不准发朋友圈位置等。

（2）车至武警天津总队机动支队后，全体人员首先来到史馆，由许警官给师生们详细地介绍支队的历史变迁，让师生们对支队历史以及当前在政治建军、改革强军、科技兴军、依法治军等方面有全面的了解。

（3）许警官介绍完后，全体师生进入战士活动室，支队官兵与工大师生开展互动活动，相互学习、交流，推动军民融合，加深军民鱼水情；

另外，学生代表谈此次交流体会。

（4）师生在许警官带领下参观支队荣誉墙，了解支队历史上和现如今的光荣历史及先进事迹，感受支队对我军红色基因、光荣传统的传承及支队战士们今天的风采。最后，师生和战士们在荣誉墙下合影留念。

（5）全体人员乘车返回学校。

4. 实践课详案

（1）（车从天津工业大学东大门出发）同学们，大家早上好！今天我们要去的地方是很多同学一直以来都梦寐以求的地方，也可以借此机会实现一下同学们心中的军营梦，今天我们要去的地方就是武警天津总队某机动支队。这个实践基地涉及我们教材第十二章的相关内容，上节课的时候我们在课堂上详细地向同学们介绍了习近平强军思想、坚持党对人民军队的绝对领导、建成世界一流军队、坚持富国与强军相统一、加快形成军民融合深度发展格局等相关理论知识，这都是从宏观上、总体上来学习在新时代全面推进国防和军队现代化的内容。今天这节课我们主要通过实地参观、现场听取机动支队许警官的讲授以及同普通武警战士面对面的交流等多种形式，对我们课堂上所学习到的内容进行全面的梳理。同学们要将课本上所学习到的相关理论和今天的实践相结合，做到理论与实践的统一，尤其需要同学们注意的问题有如下几个方面。首先，该支队是如何贯彻落实习近平强军思想的，他们在理论学习和实践训练方面具体是如何体现的。其次，该支队是如何贯彻落实坚持党对人民军队的绝对领导这一根本原则的。再次，该支队在政治建军、改革强军、科技兴军、依法治军等方面是如何展开的。最后，在推动军民融合深度发展方面该支队采取了哪些行动。同学们在今天参观、听取许警官讲授以及同普通武警战士交流的过程中，要留心这些问题，从而在今天具体的实践活动中加深对我们教材中相关理论的理解。另外，因为我们今天所要参观的实践教学基地在性质上比较特殊，所以非常有必要向同学们强调一下纪律问题。在整个过程中，同学们一定要严格遵守纪律，不许随意说话，更不许大声吵闹，尤其需要强调的是不准拍照、不准录音录像、不准发朋友圈位置等。同学们在日常生活当中，习惯于每到一个新地方都要拍照，甚至是在朋友圈发定位，这次我们绝对禁止这些行为，手机一定调成静音状态，这是纪律问题，同学们务必重视。

（2）（车至武警天津总队某机动支队）全体人员首先来到该支队史馆，由许警官给师生们详细地介绍支队的历史变迁，让师生们对支队历史以及当前在政治建军、改革强军、科技兴军、依法治军等方面有全面的了解。许警官带领我校师生来到史馆二楼，先是介绍该支队的由来和光荣历史。通过许警官的介绍，我们知道该支队有着辉煌的历史，很多重要的领导人都对其成绩予以充分的肯定。该支队在执勤安保、处突维稳、反恐突击、抢险救援、应急保障等方面，为我们天津市作出过重大的贡献，比如成功解救天津某大学被劫持的学生、成功围捕杀人犯，更是成为第一支进入天津港"8·12"特大火灾爆炸事故现场并为后续救援打通通道的队伍。其次，许警官还向师生们详细地解说了近年来在坚持党的绝对领导方面的举措。东西南北中，党政军民学，党领导一切。政治建军是人民军队的立军之本，武警部队当然也不能例外。我军政治工作萌芽于大革命时期，创立于建军之初，奠基于古田会议，在长期的革命、建设、改革的过程中不断丰富和发展。政治工作是我军的看家本领，是我军最大特点，也是最大优势，还是我军同其他一切性质军队的最大区别。面对着新的形势和任务，即为实现中华民族伟大复兴的中国梦保驾护航，我们要更加自觉地贯彻政治建军要求，充分发挥政治工作生命线的作用，确保部队建设坚定正确的政治方向。为此，我们要着力培养有灵魂、有本事、有血性以及有品德的新时代革命军人，锻造具有铁一般信仰、铁一般纪律、铁一般信念、铁一般担当的过硬部队，确保我军永远立于不败之地。这就需要我们继承和弘扬我军政治工作的优良传统，把先辈们用鲜血和生命铸就的光荣传统和优良作风一代代传下去。为了继承和弘扬我军这一优良传统，2014 年，习近平总书记在福建省宁德市古田县召开古田全军政治工作会议，强调政治建军对强军兴军的生命线作用，再次强调了思想建军、政治建军的重要性。党的十九大又一次把党对军队的绝对领导提高到了一个新的高度，坚持党对人民军队的绝对领导作为新时代坚持和发展中国特色社会主义基本方略之一。再次，该机动支队近些年在政治建军、改革强军、科技兴军、依法治军等方面的成就。政治建军方面，坚持党的绝对领导，定期通过多种形式学习习近平强军思想，加强政治理论学习，使广大武警战士牢记新时代的历史使命。改革强军方面，通过与时俱进地改革一些具体的体制机制，提高办事效率，让广大武警官兵感受到实实在在的进步。改革是我军发展壮大、制胜未来的关键一招。人民军队的发展史，就是一部改革创新的历史，武警部队当然也是如此。我军之所以始终充满蓬勃朝气，同我军与时俱进不断推进自身改革是紧密联系在一起的。党的十八大以来，为了设计和塑造军队未来，习近平总书记发出全面实施改革强军的伟大号召，开启了我军历史上一场整体性、革命性的变革。通过大变革、大塑造，人民军队体制一新、结构一新、格局一新、面貌一新。当前，我军正在进行具有许多新的历史特点的伟大斗争，深化国防和军队改革就是这场斗争的重要方面，武警部队也是如此。要坚持用强军目标审视、引领、推进改革，着力解决制约国防和军队建设的体制性障碍、机构性矛盾、政策性问题，推进军队组织形态现代化，进一步解放和发展战斗力，进一步解放和增强军队活力，建设同我国国际地位相称、同国家安全和发展利益相适应的巩固国防和强大军队，为实现"两个一百年"奋斗目标、实现中华民族伟大复兴的中国梦提供坚强的力量保障。科技兴军方面，通过各种形式提高广大武警干部的科学文化素养。另外，在武器装备上，大力提高现代化的武器装备水平，提高广大武警战士的现代化作战能力。科技是现代战争的核心竞争力。一流的军队必须有一流的军事科技作为支撑；习近平总书记强调"谁牵住了科技创新这个牛鼻子，谁走好了科技创新这步先手棋，谁就能占领先机、赢得优势"。当前新一轮产业和科技革命蓄势待发，世界新军事革命加速发展。我军在高新技术方面同世界军事强国相比较，仍有较大的差距。要坚持向科技创新要战斗力，依靠科技创新把我军建设模式和战斗力生成模式转到创新驱动发展的轨道上来。要抓紧攻克核心技术，例如当前的区块链技术，加紧提高信息网络自主可控水平，加紧在一些战略必争领域形成独特优势。要全面实施科技创新战略，坚持自主创新的战略基点，瞄准世界军事科技前沿领域，加快战略性、前沿性、颠覆性技术发展。争取实现弯道超车，不断提高科技创新对人民军队建设和战斗力发展的贡献率。同时，也要加强军事人才培养体系建设，造就宏大的高素质创新军事人才队伍，形成各类人才创造活力竞相迸发的生动局面。依法治军方面，让广大武警战士学法懂法，在日常生活中严格守法。依法治军、从严治军是我党建军治军的基本方略。人民军队越是现代化，越是信息化，越是要法治化。武警部队也必须紧紧围绕党在新时代的强军目标，着眼于全面加强革命化现代化正规化建设，坚持党对军队绝对领导，坚持战斗力标准，坚持官兵主体地位，坚持依法和从严相统一，坚持法治建设和思想政治建设相结合，创新发展依法治军理论和实践，构建中国特色的军事法治体系，推动治军方式根本性转变，提高国防和军队法治化水平。

（3）在许警官介绍后，全体师生进入战士活动室，支队官兵与工大师生开展互动活动，相互学习、交流，推动军民融合，加深军民鱼水情；另外，学生代表谈此次交流体会。该支队某班的战士和我校学生们进行了面对面的长时间交流。年轻的武警战士和我校学生在年龄上属于同龄人，但是他们的经历却大不一样。通过交流，同学们感受到了不一样的人生，也学习到了很多年轻的武警战士身上体现出来的优秀品质，有很多同学阐述了自己和武警战士交流后的体会。比如，有同学指出，原本以为武警战士平时肯定将主要的注意力用在战斗力的训练上，但是通过交流发现他们平时也会专门排出时间进行大量的阅读。在这个战士活动室里面，靠近两边的墙壁旁是一排排整齐的书架，书架上放着各类书籍，政治类、科技类（尤其是军事科技）、语言文学类、哲学类、经济学类等应有尽有，而且有些是刚刚出版的书。这是该机动支队和天津市图书馆合作共建的，定期更换，形式本身就非常具有创新性，这大大超出了同学们的预料。甚至有的同学发表感言，通过这一次的交流，进一步激励其从军的愿望和志向。

（4）师生在许警官带领下参观支队荣誉墙，了解支队历史上和现如今的光荣历史及先进事迹，感受支队对我军红色基因、光荣传统的传承及支队战士们今天的风采。这片荣誉墙延伸很长，而且高大醒目，展示了这支武警部队的武警战士们在历史上和现如今所取得的骄人成绩。展示历史上所取得的骄人成绩，是为了让当前和未来的武警战士们感受到我军的优良传统，传承武警部队特有的红色基因；展示现如今优秀武警战士们取得的骄人成绩，是为了激励同辈和后来的武警战士抓紧学习，找到差距，积极进取，成为像这些身边的榜样一样优秀的武警战士。最后，师生和武警战士们在荣誉墙下合影留念。

（5）全体人员乘车返回学校。

布置课后作业： 以"国防和军队的现代化是中华民族伟大复兴的基石"为主题，结合实践教学的实地体验，写一篇1000字左右的学习体会。

天津市西青区西营门街党群红色街区实践创新课教案

1. 实践基地介绍

西营门街党群红色街区集红色总部、红色前哨、红色驿站、红色港湾等 12 个红色单元于一体，是全市首个党建红色街区。街区位于西营门街北部地区，大明道以北，子牙河南岸。街区规划面积 2.95 平方公里，总体分为三个阶段实施，一期改造建设红街起步区，即对华城景苑居住区整体进行环境提升和党建红色要素植入。目前，一期起步区已全部建设完成并投入使用。

西营门党群红色街区起步区位于大明道北侧，东场引河以西，营冰路与云开道贯穿街区东西南北，起步区总面积 26.7 万平方米，涵盖华城景苑居住区和文瑞家园，辐射周边居民 1 万多人。起步区以营冰路和云开道为实施对象，进行环境提升改造，在入口两侧新建了微广场、微公园，植入彩虹门、LED 广告屏、智能互动设施、景观小品雕塑、智能驿站岗亭、智能广播系统等党建红色元素，层次递进，节点互联，提升了街区整体红色品位与感官效果。

西营门街党群红色街区特色鲜明：一是定位明确，以党群服务中心为核心，以营冰路、云开道两条红色走廊为轴线，突出政治性、引领性、开放性、全时性、服务性。二是功能齐全，设置党建成果展厅、党的十九大主题展厅、24 小时红色书屋以及智能售书区、党员教育活动区、党员志愿服务区等，推动功能和服务"双升级"。三是文化浓厚，打造包括党史墙、党建动漫长廊的红色走廊，制作党建宣传栏、党建文化墙，建设红色记忆特色养老院等。四是政治引领，依托党建红色街区，辐射带动楼宇、商圈、非公企业党建红色阵地建设，使街域内大小企业的党组织在街党群服务中心统筹协调下互联互动，形成党建引领、多元参与的"1+N"多元共商共治共享格局。

2. 原理简介

本实践主题的教学活动安排在课程第十四章"坚持和加强党的领导"教学环节，是对理论讲解的深化和延伸，主要是为了使学生了解基层党的建设在基层的运行与创新，了解党组织如何以红色文化为引领为群众服务从而提升社区服务质量。

坚持和加强党的领导，全面从严治党。党的领导是中国特色社会主义最本质的特征，是中国特色社会主义制度的最大优势。实现伟大梦想，必须深入推进党的建设新的伟大工程。党的基层组织建设与群众生活、群众利益息息相关，基层党组织如何贯彻新时代党的建设总要求，能够鲜明体现党的建设质量高低，能够体现是否坚持以人民为中心的发展思想。加强党的基层组织建设，把党的自身建设融入社会工作当中，提升党组织的凝聚力、感召力、向心力。

西营门街党群服务中心突出党建元素和承载功能，突出24小时全天候服务，突出现代技术与基层党建深度融合，让党建工作更具时代感和影响力，打通了服务党员、服务群众的最"后一公里"。

3. 实践课内容

（1）在西青区西营门街党群服务中心开展现场教学，主讲教师与讲解员共同承担现场教学工作，学生在此过程中直接了解街道党建成果并体验成果给群众带来的温暖和便利。以党建成果展厅、党的十九大主题展厅、24小时党建红色书店、党员教育活动区、党员志愿服务区以及红色总部为主要教学场所，以街区讲解员现场教学的方式进行，从政治、文化、教育、服务、党建等不同角度向学生介绍街区的建设成果与运营情况。在此过程中，要求学生突出对"忠诚于党，服务于民"的认识，加强对现代技术与基层党建深度融合的感受。

（2）师生与红色街区管理者进行座谈，了解红色街区创建的初衷和现实意义。通过座谈，学生了解该街区党建与街区建设融为一体的社区建设创新思维，感受党建工作所具有的时代感和影响力。

（3）师生讨论总结本次实践创新课内容，分享实践感悟，深化理论认识。

4. 实践课详案

（1）乘车时介绍西青区西营门街

介绍西营门街红色街区的总体设计、面貌与特色，突出两年来西营门街在党建引领下发生的变化，引导学生把党的领导和建设相关理论与现实建立联系，启发学生思考。

（2）在街区进行全面深度学习体验

①党群服务中心大厅

党的建设如何在基层体现？谁来治理基层？怎么治理的？基层党的领导和服务体现在哪些方面？下面我们就跟随这位讲解员一起来了解一下。大家注意体会墙面上这八个大字"真抓实干 马上就办"，增强"忠诚于党，服务于民"的意识，加强对现代技术与基层党建深度融合的感受。

参观红色书店。上楼。（上楼前提醒：可以当学生志愿者）

②党建成果展示厅

参观党史大事、党章发展、廉洁建设、十九大报告、天津党建、嘉兴红船等几个部分。

第一，"心形布置"下讲：中国共产党的领导是中国特色社会主义最本质的特征。这一论断符合科学社会主义的基本原则，反映中国特色社会主义的历史经验，适应新时代历史使命的实践要求。从刚才的参观以及大家在此前学到的近现代历史知识中都能体现中国特色社会主义产生与发展的历史逻辑，那就是，中国特色社会主义不是从天上掉下来的，而是在改革开放 40 多年的伟大实践中得来的，是在中华人民共和国成立 70 年的持续探索中得来的，是在我们党领导人民进行伟大社会革命近百年的实践中得来的，是党和人民历经千辛万苦、付出各种代价取得的宝贵成果。取得这一成果最根本的就是中国共产党的坚强领导。中国共产党是中国特色社会主义事业的开创者、推动者、引领者，党团结带领人民开辟了中国特色社会主义道路，创立了中国特色社会主义理论体系，创建了中国特色社会主义制度，发展了中国特色社会主义文化。历史和现实证明，没有中国共产党的领导，就没有中国特色社会主义的产生与发展。

当然，中国特色社会主义迈向新征程的实践逻辑也仍然鲜明地体现了中国共产党的领导。要坚定走中国道路，把 14 亿多人口凝聚成中国力量，焕发出中国精神，实现"两个一百年"的奋斗目标，我们国家和民族必须有一个坚强的领导核心，这个领导核心就是中国共产党。要走好新时代的长征路，不断跨越"雪山"、征服"腊子口"，把新时代中国特色社会主义这篇大文章继续写好、写精彩，就要继续坚持中国共产党的领导。

大家通过这些生动形象的图片、影音资料，可以深切感受到在中国共产党的领导下我们取得了一个又一个胜利，走向了一个又一个辉煌，实现了从站起来、富起来到强起来的伟大飞跃，日益走近世界舞台的中央，并由此走向中华民族伟大复兴。大家看着这些展示内容，彰显了我们中国共产党人的初心和使命，他们是那么的有气势有力量，又那么的有温度有厚度。在这里问大家一个问题。为什么说中国共产党历经百年历史仍是"风华正茂"？——这得从中国特色社会主义、科学社会主义发展的千秋伟业来讲。中国共产党人没有自己特殊的私利，就是为中国人民谋幸福，为中华民族谋复兴，鲜艳的初心颜色和与人民在一起的政党本色将使她永远保持年轻，始终走在时代前列——与时俱进。

走过历史的长廊，面向未来，我们身处天津，天津的基层又怎样为实现伟大复兴助力呢？大家往前走。2013年5月，习近平总书记在天津考察期间，提出"要着力提高发展质量和效益，着力保障和改善民生，着力加强和改善党的领导，加快打造美丽天津"的重要要求，"三个着力"成为指导天津经济社会发展的纲领。（联系"三大法宝"）

第二，"三个着力"前讲：推动京津冀协同发展取得新的更大进展。

提问：十九大精神"七进"是指哪七个方面？参考答案：进企业、进农村、进机关、进校园、进社区、进军营、进网络。

第三，"七进"标语之前讲：党建引领基层治理新格局，须贯彻以人民为中心的理念，打通服务党员、服务群众的"最后一公里"，让群众最多跑一次。

③红色文化服务和社会生活服务层

第一，介绍红舞馆、红歌会、烘焙坊、红色学堂、便民理发室、代际学习体验中心、儿童之家等。（便民理发店门口提问：是否免费理发）

第二，在经过"两代表一委员"活动室、工会、计划生育办公室、妇联、社区建设服务中心、社会事务管理办公室等门口后，来到基层社区建设联动机制运行图前，启发学生思考基层社区治理格局问题。

社区服务和管理能力越强，社会治理的基础就越实。要尽可能把资源、服务、管理放到社区，使社区有职有权有物，更好地为群众提供精准高效的服务和管理。

④红色指挥部

启发学生从技术与党建结合的角度思考，大数据在社区服务中的作用，群众服务质量在大数据帮助下的改善。

⑤红色教室座谈

师生与红色街区管理者（讲解员李慧敏）进行座谈，了解红色街区创建的初衷和现实意义。以了解红色街区设计构想为出发点，在互动中了解红色街区创建中发生的故事，并了解社区进一步的建设方向。通过座谈，学生了解该街区党建与街区建设融为一体的社区建设创新思维，感受党建工作所具有的时代感和影响力。

⑥红色教室讨论总结

主讲教师结合课程理论进行讲解，并对学生进行提问。学生以小组为单位进行交流讨论，每个小组结合课程理论内容，由一名同学进行发言，谈谈本次实践教学感悟和对红色街区建设的意见与建议。

第一，陈赓：领导的本质就是服务。怎么理解？

党的建设水平制约着领导水平，提高科学化水平，增强党的执政本领。

党的领导地位和执政地位不是与生俱来的，也不是一劳永逸的，过去拥有不等于现在拥有，现在拥有不等于永远拥有。昨天的成功并不代表今后能够永远成功，过去的辉煌并不意味着未来可以永远辉煌。党领导人民进行革命、建设、改革的历史也就是党为人民服务的历史，党的领导的实现就体现在宗旨的践行中。

第二，"三个代表"重要思想的核心要义有没有过时？——历史地位没有过时。

社会主要矛盾变化/社会主义初级阶段/国际地位，基本路线。

作为指导思想；思想在继续发展，科学发展观的第一要义（加快推动社会发展），习近平新时代中国特色社会主义思想（解决新时代发展中的主要矛盾，满足人民日益增长的美好生活需要，以人民为中心；怎样建设党），体现党的宗旨。

党的建设对于推进中国特色社会主义事业的理论武器作用（党的建

设水平与事业发展水平相适应，发展到什么阶段就推进到什么阶段，领导核心要发挥好，总揽全局、协调各方，党的建设是革命胜利的三大法宝之一，新的伟大工程，新时代党的建设面临很多风险和挑战，仍然需要加强党自身的建设，解决腐败问题，作风建设永远在路上，等等。)

第三，党的建设新的伟大工程在实现中华民族伟大复兴这一伟大梦想中的作用。

从理论与实践、历史与现实、宏观与微观、高层与基层等角度展开。

新时代中国共产党的历史使命，就是统揽伟大斗争、伟大工程、伟大事业、伟大梦想，在全面建成小康社会的基础上全面建成社会主义现代化强国，实现中华民族伟大复兴。

进行具有许多新的历史特点的伟大斗争，推进中国特色社会主义伟大事业，实现中华民族伟大复兴，都离不开党的建设新的伟大工程。伟大梦想是目标，指引前进方向；伟大斗争是手段，激发前进动力；伟大工程是保障，提供前进保证；伟大事业是主题，开辟前进道路。其中，起决定性作用的是党的建设伟大工程。伟大工程建设得好不好，直接关系到我们党有没有底气和能力去进行伟大斗争，有没有责任和策略去推进伟大事业，有没有韧性和途径去实现伟大梦想。因此，必须把党建设好，把伟大工程建设好，确保党在世界形势深刻变化的历史进程中始终走在时代前列，在应对国内外各种风险和考验的历史进程中始终成为全国人民的主心骨，在坚持和发展中国特色社会主义的历史进程中始终成为坚强领导核心。

伟大工程锻造伟大核心。实现中华民族伟大复兴是近代以来中华民族最伟大的梦想。中国共产党一经成立，就把实现共产主义作为党的最高理想和最终目标，义无反顾肩负起实现中华民族伟大复兴的历史使命。一百多年来，无论是弱小还是强大，无论是顺境还是逆境，我们党都初心不改、矢志不渝，朝着中华民族伟大复兴的目标奋勇前行。中国共产党一百多年的不懈奋斗，深刻改变了近代以后中华民族发展的方向和进程，深刻改变了中国人民和中华民族的前途和命运，深刻改变了世界发展的趋势和格局。

实现伟大梦想，必须深入推进党的建设新的伟大工程。历史已经并将继续证明，没有中国共产党的领导，民族复兴必然是空想。经历了民族的沉沦与崛起，见证了历史的苦难与辉煌，中国人民愈来愈深刻地认识到，办好中国的事情关键在党，实现中华民族伟大复兴关键在党。中国共产党要始终成为时代先锋、民族脊梁，始终成为马克思主义执政党，自身必须始终过硬。党的十八大以来，全面从严治党取得了重大成果，获得了人民群众的高度赞誉。同时，我们要清醒地看到，党面临的执政环境是复杂的，影响党的先进性、弱化党的纯洁性的因素是复杂的，全面从严治党依然任重道远。我们要更加自觉地坚定党性原则，勇于直面问题，敢于刮骨疗毒，消除一切损害党的先进性和纯洁性的因素，清除一切侵蚀党的健康肌体的病毒，不断增强党的政治领导力、思想引领力、群众组织力、社会号召力，确保我们党永葆旺盛生命力和强大战斗力。（火车头的带领作用）

你怎样看待技术在党建中的作用？

本次课程要点回顾：

（1）中国特色社会主义最本质的特征是中国共产党的领导；中国特色社会主义制度的最大优势是党的领导。

（2）党的建设新的伟大工程在"四个伟大"中起决定性作用。

布置课后作业： 按实践课分组，课后每个小组在交流讨论和发言的基础上，以"党建与社区服务"为主题，撰写一份不少于1000字的实践总结报告。

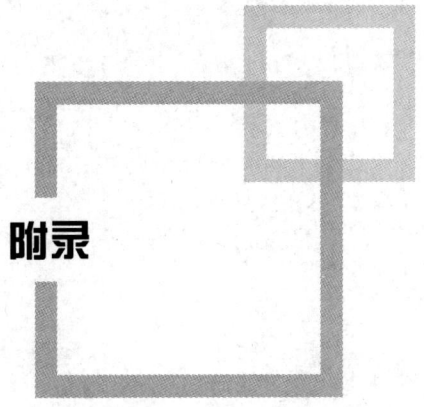

附录

琼影

中汽（天津）系统工程有限公司
实践基地挂牌

锦上禾农耕文化博物馆
实践基地挂牌

蓟州区毛家峪实践基地挂牌

教师在赴实践基地的车上开讲

学生在天津宝坻人民法院实践基地旁听庭审

学生在天津兴宁实业股份有限公司
实践基地参观

教师在天津觉悟社纪念馆为学生讲课

天津觉悟社纪念馆讲解员为学生讲解

天津市西青区精武产业技术研究院实
践基地兼职教师为学生讲解

教师在图书馆前讲解天津工业大学
绿色节能校园建设

学生在滨海新区规划馆听沙盘讲解

在平津战役纪念馆基地学生
正在向解说员提问

在天同养老院基地
学生和老人们一起做手工

《天津日报》对锦上禾农耕文化博物馆
实践创新课的报道

天津卫视《第一观察》栏目对天津工业大学
天同养老院实践创新课的报道

天津卫视《天津新闻》对天津工业大学
西营门街党群红色街区实践创新课的报道

教研室集体研讨实践创新课

学生实践创新课感悟撷英

2019 年 4 月 24 日，在宋梅秋老师带领下，我们前往了天津兴宁科技发展股份有限公司，到实地去感受教材上的供给侧结构性改革的内容，上了一堂别开生面、令人印象深刻的概论实践课。

在前往兴宁公司的大巴上，宋老师详细讲述了何为供给侧结构性改革，为什么要进行供给侧结构性改革，现在人们是怎样进行供给侧结构性改革的等一系列问题，让我更加明确了此行的目的，对兴宁公司充满期待。

兴宁公司董事长热情欢迎了我们的到来，带领同学们依次参观了各个大棚、各类植物、各种设施，令我印象深刻的有以下几个内容：

一是人工除草。众所周知，杂草会影响作物生长，除杂草的方法一般会使用农药，而农药是对人身体有害的。为了人们的健康，兴宁公司拒绝使用农药除草，处理杂草的方式也十分有趣——召开除草赛来进行除草，在有效除草的同时，一些可食用的杂草如蒲公英也可以成为人们桌上的一道美食。

二是"音乐"除虫。杂草可以用手摘除，害虫总不能一只只用手消灭吧。面对害虫，兴宁公司依旧拒绝农药。他们采用一种特殊频率的声音驱赶害虫，达到除虫目的，给人们提供更健康的食物。

三是多年生老藕。兴宁公司内有一条长长的水渠，里面养了很多已经生长了许多年的老藕。藕的生长需要营养丰富的环境，兴宁公司没有用化肥，而是依靠养殖家禽的粪便施肥。兴宁公司里的许多片地都是这样被施肥的。而且多年老藕的生长证明了水质良好，用这样好的水质养殖出来的鱼、家禽、农作物，健康性提高了。

四是从各国引进的优秀果蔬。引进韭菜、葡萄等外国优秀品种，以满足人们现在对美好生活的需要。令人惊喜的是，虽然国外品种成本高，但是市场上的价格尽可能地贴近一般果蔬的价格，这才能从根本上满足人们对美好生活的需要。

一路下来，收获满满。兴宁公司健康绿色的食品，多国优秀果蔬品种……方方面面体现着我国供给侧结构性改革的成效。原来解决我国社会的主要矛盾不仅仅在书本文字上，更在实践中不断体现。中国人民在满足了温饱需求后，更向往着美好生活。我们国家现在推进的供给侧结构性改革正是人们所向往盼望的，是真正为人民谋利益的事情！给我们的祖国点赞！

——法学 Z1701 王冀真

上完滨海新区规划馆实践创新课，我产生了许多感悟。

首先，滨海新区的成功离不开党的全面协调、统筹兼顾。滨海新区能够发展为如今北方的对外开放大门，离不开前期党的谋篇布局。规划馆的工作人员向我们展示了滨海新区的经济、政治、文化、社会、环境五个大方面的统筹布局，同时也向我们介绍了各个区域规划的协调功能性。党的十九大报告作出了在全面建成小康社会的基础上"两步走"的战略，以此来建设社会主义现代化强国。所以，在实现中国梦的道路上，缺少不了一步步的规划、布局。

其次，要始终坚持实现中国梦的立足点在于人民。滨海新区的发展、政府的简政放权和其他诸多改革，方便的全都是普通老百姓。在我们实现伟大中国梦的过程中，一定不能脱离人民这个根本的立足点，要一切围绕人民的利益来谋篇布局，相信人民、团结人民，才能最终实现中华民族伟大复兴的中国梦！

——信息 H1804 班长曲健东

这次能够到天同养老院上我们的社会实践课，在这里和老爷爷、老奶奶做互动交流，我觉得形式和内容都特别好，我有三个方面体会：

一是以后要多走进老年人的世界，了解老年生活。老爷爷给我们讲当年参加抗日战争、解放战争的故事，语重心长地教导我们要传承和弘扬革命精神，听完后我对抗战历史有了更直接感受，也坚定了做新时代好青年的信心和决心。在活动各个环节，老爷爷、老奶奶总是很谦让，用丰富的人生阅历教会了我很多的生活常识，我受益匪浅。

二是社会在实现"老有所养"方面取得了很大进步。老师在课堂上给我们讲社会建设时，说国家非常重视社会建设，制定了很多好的政策和措施。通过在天同养老院的社会实践，我看到了社会养老机构在健康养老、医养结合方面，帮助老人实现老有所养、老有所乐方面，确实做了很多工作，取得了很大成效。

三是大学生应该为实现"老有所养"作出应有贡献。我们是新时代大学生，是国家各项事业发展的中坚力量。在学校要珍惜时间，加强专业知识的学习和实践技能的培养，创新思维，从我们所学的专业角度思考，如何为老年人设计更好的健康产品，提供更优质的服务，丰富老年人的物质和精神生活。同时，要做一名有孝心和社会公德心的大学生，关心社会发展，积极参与各项志愿者活动等社会实践，为提升社会建设水平贡献我们的力量。

——纺织 G1701 李思涵

老人们一看到我们冒着寒冷赶来，立刻关心起来，拉着我们的手嘘寒问暖，十分关心我们各方面的情况。还有一些老人也是高兴得合不拢嘴，与我们分享自己当年金戈铁马的战争岁月，还与我们聊了日常生活中的点点滴滴。我们也很关切地询问了老人们的身体状况和生活情况，帮助他们打扫卫生，很快就融入其中。老人们都感慨地说，正是因为国家的各种福利和党的政策，他们才能像今天这样无忧无虑地安享晚年生活。老人表示，同学的到来为他们的生活增添了生机和乐趣。我们也并没有因为寒冷的天气而抱怨一句，而是满腔热情。因为这次看似普通的活动实际上蕴含了巨大的人文关怀，是老人与大学生之间心与心的交流和沟通。平时娇生惯养的我们，走出校园进入社会，走近老人，听老人们讲过去的事，使我明白了很多，明白了他们过去的经历，明白了他们的辛劳，明白了他们对儿女的期盼，更明白了他们对我们后辈的希望……

——纺织 G1701 邹章灼

精武镇慧谷工业园中的许多设备和生产方式都运用了人工智能。3D打印技术和一系列数控机床设备彰显着制造大国的雄厚实力。精武产业技术研究院中的工业大数据分析与远程监控平台也显示着人工智能化和"互联网+"时代的到来。一大部分创新创造型企业正在中国蓬勃兴起，这首先得益于党和国家对创新的重视和发扬。

——金融 1701 吴永磊

今天的参观学习之旅，使我们小组深刻地体会到了创新的重要性。在供给侧结构性改革的当下，创新是供给侧结构性改革的关键一环，起着支撑作用。在中国特色社会主义新时代的当下，创新是实现社会主义现代化和中华民族伟大复兴中国梦不可或缺的动力。

——金融 1702 张一豪

来到西营门街党群服务中心三层的"红色文化中心"，这里有教育培训室、书画创作室、展览室、VR 影音室、舞蹈排练厅、棋牌室、烘焙坊、水吧休闲区等。四层的"红色生活馆",设置了理发、电器维修、老年人日间照料、儿童快乐营地等志愿服务区域,便民药房、养生体验等功能空间以及多功能会议室。同学们对这些服务十分感兴趣,深深体会到党建"服务人民,便利人民"的理念。西营门街推动党群服务中心加强硬件建设、人员配置,把党群服务中心打造成汇聚各方资源、深化社会治理的"红色总部",更好地服务群众。五层的"红色总部指挥中心",即西营门街智慧党建云平台运营中心,通过整合现有的资源,依托互联网、大数据、云平台等技术,打造"互联网+党建"的前沿阵地,让我们不禁感叹,科技与党建的结合,实在是妙,也只有学会利用科技的力量,才能使党建更加普遍化。我们在练歌房听见社区爷爷奶奶的歌声,声声颂党;我们在浓厚的党建氛围中深刻意识到党建的重要意义。

——英语 1701 姚欣怡

我们在任课教师的带领下,前往宁河锦上禾农耕文化博物馆开展社会实践现场教学活动。在前往博物馆的路上,主讲教师向我们讲述了本次现场教学的学习安排,主要是以农耕文化为例,讲了如何实现中华优秀传统文化在新时代的创造性转化和创新性发展。锦上禾农耕文化博物馆张老师介绍了锦上禾农耕文化博物馆的基本情况,重点讲解了锦上禾农耕文化博物馆的田园综合体的开发运营创新模型。在实践教学环节,张老师组织了磨豆浆、滚铁环、种黑豆等活动。在体力劳动中,我们深刻感受到了中国农耕文化的厚重和农业现代化的重要性。

——数学 1801 张宇

在西营门街党群服务中心的总指挥中心,我看到了西营门在社区群众需求、舆情监测、党员帮扶等各个方面作出的努力。通过社区互联网全覆盖,西营门党委在群众与党之间搭建了一个相互沟通的大平台。党组织可以通过网络征求民意，解决群众困难；群众可以通过官方网站、微博、微信、电子邮件等渠道与党组织联系，在论坛上各抒己见，建言献策。

——计算机 1701 商允斐

在这次实践活动中，我从李锁书记的身上学到了很多。我们新时代大学生，不仅要学习艰苦创业的精神，更要有心怀天下的胸襟，像李书记一样，始终心系人民，始终践行为人民服务的宗旨，将爱国落实到每一个具体行动中去。

——会计 1705 郭佳艺

从李锁书记带领毛家峪发展的过程中我认识到：我们需要紧跟党的步伐，听从党的指挥，不断地探索，不断地创新，不断地奋斗，只有这样才能够更好地创造出美好的生活。

——人力 1702 庞广美

在李锁书记带领下，通过大家的共同努力，毛家峪完成了从原来的穷乡僻壤到现在旅游发展胜地的华丽转变。从李锁书记身上，我看到了身为一名共产党人为人民服务的坚定，他带领乡亲们尽心竭力谋发展，不遗余力做奉献，让山川绿了，村民富了，他身后留下的是一串串闪光的足迹，这就是对共产党精神最深刻的诠释。

——人力 1702 普安南

思想颤动于狱中，青年觉悟于拯救国家危亡中。今天参观了觉悟社，深深地感受到先进青年知识分子的那份为国家、民族抛头颅、洒热血的革命热情。作为新时代的新青年，我们更要承担起实现中华民族伟大复兴的历史使命，为实现中国梦贡献自己的力量。

——公管 1702 高小波

作为新时代的一名青年，我看到《觉悟的宣言》感慨万千。一百多年前青年知识分子，为国家、为民族毫无保留奉献自己。虽然我没有完全做到觉悟，不过，在当今时代先做好自己的事，努力学习，就是向"觉悟"道路上迈进了一大步。

——经济 1701 莫麒民

觉悟社成员学习和传播马克思主义，团结爱国力量，开展反帝反封建、改造社会、挽救祖国的革命斗争活动。在他们身上，我们能体会到在那个年代，青年一代对于祖国的热爱，对于社会的责任感。青年身上担负着民族复兴的伟大使命。少年强则国强，参观觉悟社纪念馆，能进一步加深我们的理想信念，激励我们向伟人看齐，不断学习，不断向前！

——土地 1701 曹竞尹

很有幸到天津宝坻人民法院进行创新社会实践，了解到法院是怎么运作的，理解了中国特色社会主义法治道路的基本原则、全面依法治国的总目标和中国特色社会主义法治体系：法律体系、监督体系、保障体系和党内法规制度建设。通过旁听庭审，明白了整个审判流程。十八大以来，全面推进依法治国，建设社会主义法治国家，意义重大。作为大学生要做到尊法学法守法用法，积极为建设中国特色社会主义法治国家发挥应有的作用。

——自动化 Z1701 严天成

通过旁听"普凡英起诉马秋成机动车交通事故责任纠纷案",真切地感受到庭审的庄严和神圣,感受到法律对于保护人民利益的重要作用,感受到整个庭审过程中的每个环节给予原告被告双方当事人以充分的机会陈述自己的观点和理由,以保证诉讼过程中的公平正义,感受到全面依法治国的重要意义。作为大学生要努力做一个学法守法的公民,为推进全面依法治国做出自己的贡献。

——纺织 1706 班刘茜麟

随队进入中汽公司后,一种亲切感扑面而来。老师与工作人员为我们介绍了这家公司的发展历程以及取得的重大成果,随后带领我们近距离地参观我们国人自己创造的高精尖产品。听着工作人员耐心的讲解,原来懵懂的头脑逐渐明白了许多。创新是一个公司、社会、时代进步的灵魂,企业的发展离不开创新精神。在实践中,我感到公司员工对工作的态度、对技术的把握、对产品的研发、对废品的处理,创新都在其中发挥巨大作用。企业不惜成本也要处理废物的态度,担负起对社会与环境的责任,让我深受感动。此外,作为世界上数一数二的大企业,这家公司的理念是:快乐工作,享受成功。我想正是因为有那么好的理念,这家公司才取得了成功。

——光信 1702 姚立伟

这周我们班去参观了中汽公司,我们有了很深的感悟。当老师给我们讲述老一代中汽人在极其困难的条件下却坚持不懈,砥砺前行,为公司作出贡献时,我感受到了他们的伟大,这种精神品质正是我们当代青年需要学习的。步入中汽公司的车间,伴着老师和工程师的讲解,我对创新有了更深一步的了解,中汽公司的种种创新科技,正是应了那句话——人无我有，人有我优。在以后的学习生活中，我会努力创新，遇到困难不会放弃，砥砺前行。

——纺织 1801 裴艾斐

后　记

　　实践创新课是天津工业大学为贯彻习近平新时代中国特色社会主义思想、落实教育部关于高校思想政治理论课发展的新规定，是促进思政课教学改革创新举措之一。天津工业大学马克思主义学院是"毛泽东思想和中国特色社会主义理论体系概论"实践创新课建设的负责单位，通过积极开拓，先后建设了18家校外实践基地。其中，14家基地制定了完整的教学方案。（因为有4个基地没有实地实践过，因此没有制定教案）。带领学生走出课堂、走进社会，能够增强学生发现问题、分析问题、解决问题的能力，树立正确的历史观点，提升国情意识和问题意识，有效提高理论思维能力。在实践创新课的探索实施过程中，通过教材基地化、课堂实践化的实践教学模式，书本上的知识鲜活起来，课堂打破了空间的限制，学生突破了教室的束缚，得到了切身体验的机会；同时，将理论讲授与社会实践结合起来，提升了思想政治理论课的实效性，深受学生欢迎。2019年12月13日，全国深化新时代学校思想政治理论课改革创新现场推进会在天津召开，时任国务院副总理孙春兰出席会议，我们的实践创新课在推进会的现场展示环节做了精彩的教学展示，得到了来自全国各地高校领导的肯定。

　　在实践创新课探索、建立和发展过程中，凝结了马克思主义学院教学团队的心血，为保障实践创新课的新意付出了艰辛的努力。在实践创新课建设过程中，得到了各个实践基地负责人以及学校相关部门、老师的支持与配合，对他们也表示衷心感谢。同时，本教案在编写过程中参考、借鉴了多位作者的成果，在此一并致谢。本书编写难免有疏漏、有待商榷之处，敬请谅解。